誠實勇敢
我が國民性の長所短所
長所
素質
忠孝の美風
一 國土
島國
擧國一致
熱烈な愛國心
風景
氣候
穩健
やさしい性情

「日の丸・君が代」強制に反対する神奈川の会 編

〔増補版〕

戦争は教室から始まる

元軍国少女・北村小夜が語る

二十 三勇士

一 大君のため、
國のため、
わらってたった
三勇士。

二 鐵條網も、
トーチカも、

なんのものかは、
破壞筒。

三 その身は玉と
くだけても、
ほまれは残る、
廟巷鎮。

現代書館

増補版にあたってのまえがき

二〇〇八年九月に『戦争は教室から始まる』を出版して、早いもので一一年が経過しようとしています。増補版出版はうれしいことだけれど、この本が今も必要とされる現状には喜べない思いもあります。しかし、振り返れば、当時よりもっと深刻な状況が見えてきます。

二〇一二年に安倍首相が返り咲き、現在まで七年を超える歴代最長の政権が続いています。二〇一一年には東日本大震災と福島第一原発事故が起こり、日本社会は今も続く困難な時代に直面しています。原子力政策を推進し続ける政権の姿勢に不安を感じるのは、私たちだけではないでしょう。二〇一三年には特定秘密保護法、二〇一五年に安全保障関連法を「改正」、二〇一七年に共謀罪……と、多くの人々が危惧する法律が成立・施行され、「憲法を変える」と明言する政権の下で異論を阻もうとする為政者たちの、民衆への監視・管理体制が強まっています。

明仁天皇から徳仁天皇へ。昨年（二〇一九）は天皇代替わりの年でした。天皇の勅語とも言える「天皇メッセージ」から始まった生前退位。本来なら違憲の行為を、政府は後づけ的に特例法で認め、代替わりが行われました。改元後、ほぼ一年間続いた代替わりの儀式、即位の日・即位礼の「休日」化等、私たちの日常もつくられた奉祝の中に否応なく巻き込まれました。メディアをあげての「祝いの強制」には辟易としましたが、民間式典での「万歳」の連呼等の数々、私たちと同じように違和感を覚える人々も多かったと思います。クリーンなイメージで語られることの多い明仁天皇（現在は上皇）でしたが、戦争責任者としての昭和天皇を一貫して擁護、天皇制を継続するための生前退位です。新天皇が始めて国賓として迎えた人がドナルド・トランプ米大統領だったことを見ても、天皇は政権と一体となって権力をもつ人、身分差別の頂点に立っていることがわかります。

そして二〇二〇年の今年、新型コロナウイルス（covid-19）の流行による政府の要請で、三月からほぼ全国の学校が一斉休校し、四月からはコロナ特措法を受けての緊急事態宣言により、図書館や公共施設、映画館、デパート、飲食店等にも休業が広がるなか、私たちの生活は一変しました。六月になってようやく「宣言」は解除され、少しずつ社会・経済生活が動き出していますが、すぐに日常が取り戻せるというわけにはいかないと思います。新型コロナウイルスはいまだ日本を始め世界中で猛威を奮っていますし、コロナ危機は様々な問題を露呈させました。

安倍首相はこの事態を「国難」として国民一丸となって「ウイルスに勝つ」と言います。安倍首相だけではなく、トランプ米大統領やマクロン仏大統領等大国の指導者たちがコロナ危機を戦争になぞらえます。しかし、これは戦争ではありません。パンデミックという未曾有の感染症に有効な対応ができないのは、ワクチンの不在だけではなくて、医療や福祉の民営化が進んだネオリベ政策の結果が世界中で医療崩壊を招いたから。危機は新自由主義の社会がつくり出した人災でもあると思います。

「緊急事態宣言」は戦前の「国家総動員法」を彷彿とさせました。大きな不安が私たちを包み、強権的な政治を受け入れる体制が作られていくようです。「Stay Home」が声高に叫ばれています。けれど、本当に家が居心地の良い場所である人がこの社会にどれほどいるのでしょうか。家が危険な人、そもそも家がない人、家に居場所のない子どもたち……。

報道は、日々、感染者や死者の数を伝え、スマホを使ったビックデータが人々の動きを監視します。そして、要請という名の自粛の強制から「新しい生活様式」へ、人々の生き方さえも規定しようとしているようです。

ブルーインパルス（＝自衛隊機）を飛ばし医療関係者への感謝を人々に求める一方で、「自粛警察」と言われる他者への監視や排外的な言動も増えています。「新しい生活様式」が新たな道徳的な価値観として、ナショナリズムへの統合の基盤になるのではと危惧しています。

コロナ危機で夏に予定された二〇二〇東京オリンピック・パラリンピックは一年先に延期されました。「危機」は深刻で、「中止」も早晩実現しそうです。もともとは「復興五輪」を掲げた二〇二〇東京オリンピック・パラリンピックですが、政府が五輪開催を優先してコロナ対策を怠ったことは周知の事実です。

「復興」は過去の五輪から二〇二〇東京オリンピック・パラリンピックまでを貫くテーマ。前回一九六四年は戦後「復興」、一九四〇年に予定されていながら戦争で中止になった東京五輪のテーマは関東大震災（一九二三年）からの「復興」でした。この「幻の五輪」は、紀元二六〇〇年の記念事業としても位置づけられており、関東大震災の二年後（一九二五年）には治安維持法がつくられるという戦争に邁進する時代、どこか今に通じるものを感じます。

二〇二〇東京オリンピック・パラリンピックは新天皇が開会宣言を行い、世界に対して即位をアピールする場としても目論まれていました。そして、ぎりぎりまで開催にこだわった政府は、三月の聖火リレーの直前に、スタート地点にあたる福島県浜通りの帰還困難区域の一部避難指示を解除し、九年ぶりに常磐線を全線開通させました。周辺は現在も放射線量の高い地域で復興にはほど遠い状況があります。パンデミックにより政権の思惑ははずれ、逆に3・11後の日本社会はずっと原子力緊急事態宣言下にあるという事実を私たちに突きつけました。

学校では、天皇代替わり、オリ・パラ教育、コロナ危機下の「学校の新しい生活様式」と、国の考える道徳的価値観が反省もなく子どもたちに教え込まれていきます。

二〇一八年度から小学校で、二〇一九年度から中学校で「特別の教科　道徳」が開始されています。すべての教科の上位に位置づき、戦前の修身の徳目とも重なる二二の項目が教えられ、教員によって成績評価されます。森友学園問題では、神道の小学校や教育勅語を唱和する幼稚園、首相の関与等が明らかになりました。が、結局問題はうやむやのままで、教育勅語を擁護する政権が「教材として用いることまでは否定されない」と閣議決定（二〇一七年）する有様。教科書の中に、天皇や自衛隊の記述がてんこ盛りで不安はつきません。

昨年、私たちは首都圏の仲間たちと「終わりにしよう天皇制！『代替わり』反対ネットワーク（おわてんねっと）」を結成、天皇代替わり反対を取り組みました。二〇二〇東京オリンピック・パラリンピックに対しては「オリンピック災害おことわり連絡会（おことわリンク）」の仲間たちと五輪返上・中止・廃止を求める運動を取り組んでいます。国威発揚の場であり、差別・競走・優生思想に貫かれた巨大ナショナルイベントを無前提に「良きもの・こと」として私たち、とりわけ子どもたちに押しつけられる状況に異議あり！　の声をあげていきます。

増補版では、小夜さんに新たに、「道徳の教科化」と「パラリンピック」について書きおろしていただきました。そして、神奈川の会の取組も。

今回も現代書館のみなさん、そして編集は向山夏奈さんにお世話になりました。若い向山さんと一緒にこの本を作れたこと、よかったと思います。今の状況に対して私たち以上に悔しい小夜さんの思いを肝に銘じ、まず学校から始まることがらに細心の注意を払っていこうと思います。戦争を起こし、殺し殺された歴史を繰り返さないために。コロナ後の社会を元の社会に戻るのではなくて、差別のない平和で公正な今までとは別の社会としてつくっていきたいと思います。そのためにこの本が役に立てば、これほどうれしいことはありません。

「日の丸・君が代」の法制化と強制に反対する神奈川の会　京極紀子

二〇二〇年六月

まえがきにかえて

この本は、二〇〇六年十二月から二〇〇七年六月にかけて、六回にわたって開催した北村小夜さんの連続学習会「戦争は教室から始まる――学校の戦前戦後、断絶と連続」の講演録です。

小夜さん――身近な人たちは北村さんのことをみんなこう呼びます――との付き合いも長くなって、気がついたら私たちも「小夜さん」と呼ぶようになっていました。北村小夜さんにはそういう親しさがあります。そんな小夜さんももう八〇歳を過ぎたと聞きます。毎年一度ぐらいはお話を聴く機会があって、まだまだお元気だけれど、いつかはじっくり小夜さんの話を聴く会をもちたいと、満を持して企画した学習会でした。

北村小夜さんの「知」と「力」を引き継ぐために（連続学習会のチラシより）

一九九九年、様々な戦争法や治安管理法と連動させて成立をもくろまれた国旗国歌法に反対するために、私たちは「『日の丸・君が代』の法制化と強制に反対する神奈川の会」を立ち上げた。法案を成立させてしまった後も、会の名称には多少違和感を覚えながらではあるが、学校内外での「日の丸・君が代」強制への反対運動に取り組んできた。「日の丸・君が代」強制反対という課題は、私たちに、学校教育、組合運動、教育基本法、憲法、十五年戦争、戦後補償、沖縄問題、米軍基地再編、安保、そして最も根源的には、国民国家体制と天皇制に向き合うことを迫った。これらにまだ十分に向き合えているとは言いがたいが、当会恒例の集会とデモ、対県交渉、学習会、ニューズレター発行、賛同・共催行動などをとおして、これらが「日の丸・君が代」強制問題と切り離せない取組み領域であることを確認し、外に向かってもそう訴えてきた。

その過程で、北村さんには、『心のノート』が七億円をかけて日本中の小・中学校に配られたとき危機感を募らせて企画した学習会で、それがいかに戦前の「修身」を戦後の心理学的手法で調理したネオ「修身」であるかを実証的に語っていただいた。そしてその後「教育基本法改悪阻止」の空気が強まったときの学習会では、教育基本法自体がもつ「能力主義的限界」に目を向けさせていただいた。この二つの学習会は北村さんの戦後史のエッセンスともいえる天皇制と能力主義的差別分離体制との闘いについて学ぶ好機となったわけである。そこで私たちは、北村さんの鋭くしかも温かな感性に揺さぶられると同時に、彼女の周到に準備された資料と詳細な記憶に、「知は力なり」を実感させられたのだった。

二十一世紀に入ると、北村さんがこだわり続けてきた天皇制と能力主義は、新自由主義・グローバリゼイションの暴走と共に、北村さんの警告どおり、いよいよ露骨な臨戦態勢をつくり出した。権力乱用三昧の支配者たちは、いずれ戦闘機を飛ばし戦車を走らせるために、弱者切り捨ての「規制緩和」と従順な大衆づくりの「天皇制・愛国主義」をブルドーザーの両輪に据えて、あちこちにつくられていて邪魔な「戦後の畑」を片っ端から壊しにかかってきた。「戦後の畑」は、土壌の改良にはほとんど成功せず戦前の土壌のままであり、多くの場合、そこで育つものは戦前を引きずったものにならざるをえなかった。でもいったんは焼け野原になったところにできたこれらの新しい「戦後の畑」に、少なからぬ人が、批判や不満や憤懣を漏らしながらも、自由、民主主義、社会主義、人権、共生、協同、協働、公共福祉、公正、平等、対等、連帯、市民的不服従といった価値を生み出せる場として期待・希望をよせてきた。畑によっては、行政と協同所有運営になったり、行政に乗っ取られて換骨奪胎されてしまったりするものもある一方、「戦後の畑」の可能性を信じ、「戦後壊し」の安倍政権ブルドーザーの前に立ちはだかってその解体を阻止しようとする運動を残しているものもある。

北村小夜さんは、そんな「戦後の畑」の開拓者の一人である。戦前の土壌の「毒」をていねいに分析し、その結果をめぐってあちこちで問題提起し、「戦後の畑」の土壌の改善・耕し方の工夫・肥料のチェックをこれまた実にていねいにやってこられた数少ない先輩だ。戦前と変わらない耕し方を問題にし、戦前と同じような肥料がこっそりどころか堂々と投入されていることに危機感を強め、その恐ろしさを十分解っていない私たちに警告を発してくれてきたわけである。

今ブルドーザーで壊されていこうとしているありとあらゆる「戦後の畑」を前にして、「だから口すっぱく言ってきたでしょう。もう手遅れよ」と言い放ってもおかしくないのに、決してあきらめをみせない北村さんだ。しかしそんな彼女ももう八〇歳。彼女の悔しさや無念を私たちが引き受け、彼女の「知」と「力」を皆で分担してでも引き継ぎ始めなければいけない時が来たと考えた。それができないようであれば、いや、しようと決意しなければ、ブルドーザーも止められないことになってしまう。

そこで北村さんが中心的に耕してきた「学校」という畑について持っていらっしゃる資料を提供していただいて、その戦前と戦後を改めて語っていただこう。それを受けて私たちは、まだ残っているどの畑に、あるいはどこの畑を取り戻して、どんな肥料を入れてどう耕していったら、戦前のものとは違った本当の戦後の畑が作れるのかを考えていくべきではないのか。一方「戦後の畑」でありながら、天皇制・国民国家論・国民教育論・能力主義を乗り越えることを放棄してしまった、あるいはその必要性を認めない教育・労働運動、護憲運動、反戦平和運動、そして日の丸・君が代強制反対運動とはどうつき合っていけばよいのか。さらには、ブルドーザーで壊し尽くされ、政治・社会運動アレルギーに悩む畑には、どんな肥料を勧めたらよいのか。そんな課題へのヒントや知恵をいただけるとありがたい。そんなことを期待して企画した六回の連続学習会、北村さんに思いの丈を話していただける機会にしたいと考えたのである。

「日の丸・君が代」の法制化と強制に反対する神奈川の会

第一回目は十二月十六日。前日に教育基本法「改正」法案が強行採決され、参加者みんなが悔しい思いを抱える中での開催になりました。教育基本法と同時に、防衛庁が防衛省へと名前を変え、自衛隊の海外派遣を本来任務へと格上げする防衛庁省昇格関連法も成立。まさに新たな戦争の時代に「お国のために命を投げ出す子どもたちを作り出す」（二〇〇四年二月、超党派の教育基本法改正促進議員連盟発足集会での西村慎吾―当時民主党―議員の発言）という言葉どおりの教育が始まろうという歴史的な日になってしまいました。四月には四〇年ぶりに「全国一斉学力テスト」が実施され、国会では「改正」教育基本法を具体化させるための学校教育法など教育再生三法が成立、同時に憲法「改正」を現実のものにするための手続き法である「国民投票法」が成立するなど、六回の学習会は〈戦後〉教育と言われるものが大きく方向転換させられる時と重なっています。

さて学習会ですが、第一回「修身と道徳」（二〇〇六年十二月十六日）、第二回「音楽　歌い継がれる戦争の歌」（二〇〇七年一月二十七日）、第三回「障害児教育　能力主義を支えてきた特殊教育、支え続ける特別支援教育」（二〇〇七年三月十日）、第四回「勤評・学力テスト」（二〇〇七年四月二十一日）、第五回「学校行事　日の丸、君が代、天皇制」（二〇〇七年五月二十六日）、そして最後の第六回「軍国少女を生きて」（二〇〇七年六月三十日）。「戦後、学校は真に生まれ変わることができたのか」を基調にした各回のテーマのラインナップを見るだけでも、小夜さんの生き抜いてきた時代とその闘い、今に残る変わらぬ「学校」というものの有り様が浮かび上がってきます。小夜さんの語り口は静かで淡々としているけれど、ずっと引きずってきた悔しい気持ちは、私たちにもずしんと響いてきました。小夜さんの悔しさをきちんと受けとめきれたか、これから引き受けていけるのか、自信はないけれどやらなければいけないと気持ちを新たにしています。

今年（二〇〇八年）の三月末に告示された新学習指導要領（小学校二〇一一年、中学校二〇一二年から実施）では、当初の改訂案にもなかった「我が国と郷土を愛し」、「『君が代』を歌えるように指導する」、という文言が盛り込まれました。予想されたように「改正」教育基本法を受け、愛国主義と新自由主義の闊歩する高圧的な教育が始まろうとしています。推進しようという人々が目指すのは、「個」から「国家」へその向きを正反対に変え、私たちをしばりつける教育でしょう。学校を制圧した「日の丸・君が代」の強制は、「社会のさまざまな場面」（昨年元旦に出された日本経団連「御手洗ビジョン」より）にも広がろうとしています。能力主義が貫徹され格差がより拡大する社会――気分は落ち込むばかりです。

けれど、一九二五年生まれの北村小夜さんは元気です。状況がこんなに暗くてもちっともへこたれていません。「これまでずっとやってきたように、これからも押し返していくしかないではないか」とさらっと言います。小夜さんは歴史を体験した者が、その経験をきちんと伝えていくことの大事さを身を以って示しています。そして、そこからしか次は始まらないということも。小夜さんの語る「昔」の話が、いつのまにか、私たちの「今」と重なって、この社会を鋭く問うのです。私たちは過去から何も学んでいないと。だからこそ小夜さんの豊富な資料と貴重な話の中からたくさんのことを学び、現実の社会の有り様を変えていくための手段と方法を見つけ出したいと思います。この本を手にとってくださったみなさんに、小夜さんと私たちの思いが伝わればうれしいのですが。

学習会の記録を本にしたいという私たちの無謀な考えに賛成し、ほとんど書き下ろしのような面倒な作業をやってくださった小夜さん、それから出版を引き受けてくださった現代書館と編集の小林律子さんに感謝します。小さな会ですが、分不相応に長い名称ゆえ、出版にあたっての編者名を『日の丸・君が代』強制に反対する神奈川の会」と短く略しました。ご了承ください。良い機会なので、思い切って名称変更しようかと、そんなことも考えています。

さあ、では、お好きなところから読んでくださいね。

二〇〇八年八月

「日の丸・君が代」強制に反対する神奈川の会　京極紀子

〔増補版〕戦争は教室から始まる＊目次

装幀・若林繁裕

第一回

修身と道徳

——より巧妙に、自発的に心とからだがお国に奪われていく

はじめに

皆さん、こんにちは。紹介いただきました北村です。お呼びくださったのは、年をとっていて皆さんよりは少し昔のことを知っているからだと思います。私は一九二五年生まれで、この間（二〇〇六年十一月二十六日）、八一歳になりました。もう耄碌してきているんですけど、皆さんにまだ伝え尽くしていないこともたくさんあると思い、そういうところを、今日の状況とあわせて感じる危機感が皆さんに伝わればいいかなと思います。話が下手なので、資料をいろいろ用意してきました。資料の中に、もしかしたら初めて見たなと思うものがあれば、お出でになった甲斐があったろうかと思います。

私は教員を定年退職して、二一年になります。予定では、平和な世の中が来て、楽隠居しているはずだったんですけど、そのとおりいきませんで、悔し紛れに話を聞いてくださいと言っては喋っているわけです。

このたびの連続学習会では、「戦争は教室から始まる」というテーマを立てたわけですけれど、昨日（二〇〇六年十二月十五日）採決されてしまった「改正」教育基本法のことを考えると教室どころではないという気がしています。確かに教室が一番の大元ではありますが、「改正」教育基本法を見ますと、確かに愛国心のことが大きく取り上げられ、条文の中にも、第二条の教育目標の五の中に、「伝統と文化を尊重し、それらをはぐくんできた我が国と郷土を愛するとともに、他国を尊重し、国際社会の平和と発展に寄与する態度を養うこと」とあります。そのことが目標に書いてあるということは、その後の三条から一八条まで続くすべてを覆っているわけです。その後の社会だの学校だのが全部愛国心に覆われてくるということで、教室から始まるどころか、どこにいても愛国心の抑圧を受けなくてはいけないという状況になってきました。今すでにそういう状況があります。ですから教室だけでなく、どこも見ていかなければいけないと思います。

これからの子どもたちが受ける教育というのは、まずは改定された教育基本法によれば、まず家庭の状況でふるわれます。どんなところに住んでいるのか、お金を持っているのかいないのか、親の教養はどうかなどです。

次は学力テストで、その次に愛国心です。大まかにこの三つ、家庭環境、成績、愛国心でふるわれて、最後に残るのがエリートで、国をリードする人として残るということになるようです。どの点でふるわれるかではなく、そのふるいそのものを壊さなければいけないなという気がします。一番何とかしなくてはいけないのは、まず環境です。子どもが育つに当たって環境が大きく作用してきているというのは、文部科学省（以下、文科省）の調査でも民主党の調査でも分かっていることですから、学力を向上させようと思ったら、子どもを競い合わせるのでなく、まず差別的な環境をなくすことだと思います。

憲法、教育基本法の空洞化を目指した戦後の教育施策

今日は、修身と道徳についてお話しすることになっています。大まかに言うと、戦後の道徳は、修身とほぼ徳目を同じにしてきています。ただし扱い方が若干巧妙になっている。巧妙というのは、子どもの心をくすぐる感じで、自ら公徳心をもつ気になるよう操作が行われています。

一番はじめの資料をご覧ください。「学習指導要領の性格及び内容の主な特徴一覧」というものを用意しました。これ以外にも、文部大臣が談話を発表したり、通達を出したりしますが。学習指導要領は戦前の「教授要目」に代わって試案の形で出されましたが、一九五八年からは学校で教えることの内容の基準になっています。その学習指導要領がどう変わっていったかというものです。裏には、当初の試案の序論の一部を載せておきました。よく知られていることですけど、戦争中は、国定教科書だけで、それに基づいた教育が行われたわけですが、それを反省して、出されたものです。試案というのは、画一的に決めないで、文部省が、理科ならこういうことをと、算数ではどういうことをこんなふうに教えたらということを大まかに示しますが、あくまでも、これは試案であって、本当に教育を進めていくのは教員であるあなたと目の前にいる子どもたちだよというわけです。そしてそれは国が一方的に、画一的に決めるのではなくて、それぞれの地域の状況によって、自分たちで創意的にやっていこうというのです。最後のところに戦前・戦

中のやり方では「時には教師の考えを、あてがわれたことを型どおりに教えておけばよい、といった気持ちにおとしいれ、ほんとうに生きた指導をしようとする心もちを失わせるようなこともあったのである」と書いてあるんですが、今段々こうなってきています。戦前と同じように国策の伝達機関になればいいようになってきていてす。戦前の反省の上に立って、一九四七年に試案が作られたはずなのに、一覧表を見ていただくと分かるように、もう五一年、五五年と、徐々に後戻りしています。

この学習指導要領を見るまでもなく、日本の教育行政というのは、憲法と教育基本法の意向をどう守るかでなくて、どう空洞化させるか、どう形骸化させるかということに精を出してきました。それを良心的な教員たちが必死で喰いとめてきました。その結果として今日があるわけですけど、一番大きな変わり目は一九五五年で、「試案」という言葉を消してしまいました。そしてこのとおりしなさいということを言い始め、結局一九五八年に、官報に告示して法的拘束力があるとしました。この学習指導要領の告示に先立って、道徳教育の伝達講習が行われました。各自治体の教育委員会の代表の方とか管理職を集めて行ったのです。私は、教員になると同時に組合員でしたが、まだ確固たる組合員意識もありませんでした。が、日教組の動員で伝達講習阻止という行動に参加しました。道徳教育導入の問題点を参加者に訴え講習会を阻止しようと行ったわけです。

その翌年学習指導要領が告示されて、道徳教育が特設されるわけです。しかし私たちは、道徳というものはすべての教育活動の中で身に付けていくもので、特別な時間を設定すべきではないということで、かなり長い間、道徳の時間を設けない取組みをしましたし、設けざるをえなくなってからは自主的な活動という取組みをしてきたものです。

なお、この指導要領は、特別活動の指導計画の作成と内容の取扱いに、「国民の祝日などにおいて儀式などを行う場合には、児童に対してこれらの祝日などの意義を理解させるとともに、国旗を掲揚し、『君が代』を齊唱させることが望ましい」として、強制ではないものの、初めて「日の丸・君が代」を入れると同時に「基礎学力の充実、能力・適性に応ずる教育の重視」を挙げています。

軌を一にする道徳と修身

現在使用されている小学校の学習指導要領の目次と総則を見ると、すでに道徳が戦前と同じ扱いになっています。戦前・戦中、修身は首位教科と言われていたんです。他の教科の上にある、すなわちすべての教科が道徳的、修身的であったわけです。というよりは修身のための教科です。教育は教育勅語に基づいた愛国的な国民を育てるのが目的ですから、それを育てるための国語であり、数学であり、理科であるというわけです。それが反省されて戦後教育は出発したはずなんですけれど、総則を見れば二のところに、「学校における道徳教育は……」と道徳教育の目標が書かれています。この目標は、一九八九年の改訂でここにのし上がってきたのです。目次のところに、学習指導要領の内容というのは、総則があって、各教科があって、その次に第三章に道徳があり、第四章に特別活動があるわけです。ところが、それまでは第三章の道徳の冒頭に〝第一目標〟としてあったものが、そっくりその同じ文章のまま、総則という一番上にのし上がってきたのです。ということはすなわち戦前と同じように、道徳の目標が上に上がってきて、道徳が首位教科になってしまったということです。同じことが始まっているということの証拠の一つです。

かつての修身がどんなものだったかと言えば、神様からです。国民学校初等科『修身書　巻一』（三年生用）（資料1参照、以後本文中は単に『修身』とのみ記す）の第一課「み國のはじめ」にはこうあります。

「遠い大昔のこと、いざなぎのみこと、いざなみのみことといふ、お二方の神様がいらっしゃいました。このお二方が、天の浮橋にお立ちになって、天のぬぼこといふほこをおろして、海の水をかきまはしながら、おあげになりました。すると、ほこの先から、海の水のしづくがしたたり落ちて、一つの島となりました。お二方は、この島におくだりになって、ごてんをお作りになりました。さうして、次々と、たくさんの島をお生みになりました。日本の國は、かうして、できあがって行きました。國ができあがると、今度は、たくさんの神様をお生みになりました。天照大神が、お生

一　み國のはじめ

遠い大昔のこと、いざなぎのみこと、いざなみのみことといふ、お二方の神様がいらっしゃいました。

このお二方が、天の浮橋にお立ちになって、天のぬぼこといふほこをおろして、海の水をかきまはしながら、おあげになりました。すると、ほこの先から、海の水のしづくがしたたり落ちて、一つの島となりました。

お二方は、この島におくだりになって、ごてんをお作りになりました。さうして、次々と、たくさんの島

資料1　国民学校初等科『修身書　巻一』3年生用（1943年）

まれになりました。いざなぎのみことは、たいそうお喜びになって、かけていらっしゃった御首飾りを、おさづけになりました。天照大神は、日神とも申しあげ、天皇陛下の御祖先にあたらせられる、御徳の高い神様であります。伊勢の内宮は、この天照大神を、おまつり申しあげたお宮であります。」

戦後の歴史をきちんと学習した人たちには、神話としてあったということでしかなく、信じられないと思うのですけど、当時はそれしか考えられないような教育が行われていました。

一九七五年五月に『毎日新聞』が五回連続して「昭和群像」という記事を載せています。一九七〇年春の群馬県の前橋市立桂萱中学校の卒業式問題の後日談のようなものです。「君が代」を歌わない生徒には卒業証書を渡さないと校長が言うなか、三年一組担任の小作貞隆さんは、歌いたくない子どももいるんだから、その子どもたちを守ろうと、「三年一組、回れ右」という号令をかけ、君が代斉唱の間だけ、三年一組だけは後ろを向いて君が代を歌わない状態をつくりました。このことで小作さん

は教師をやめたのですが、そのことについて特集したものです。その二回目に次のようなくだりがあります。

「一九四五年八月十五日、学徒動員先の千葉県銚子の高射砲部隊で敗戦を迎えた小作さんは、社会科の教師になります。社会科の教師なら〝常識〟で何とかやれるだろうと思うのですが、戦後の教師が一番困ったのは、実はこの社会科でした。『ジンム、スイゼイ、アンネイ、イトク、コウショウ、コウアン……』といった、歴代天皇や、地名の棒暗記は通用しなくなっていました。例えば、原始社会などというものの存在は、戦前の教育を受けた教師たちにとっては、本当に初耳なんです。『群馬県教育史』は、現場の混乱ぶりを次のように書いています。〈石器時代の歴史上にあることすら知らぬ教師があって、持ち寄った石器を見せ、石器時代の説明をしたら、次のように反問した教師がいた。……いわく『それでは、石器時代は、神代の前ですか、後ですか』〉」

とあります。皆さん笑いますが、当時の偽らざる状況です。本気でそう思っていたのですから。

私の小学校卒業時の写真（本書見返し参照）があります。最後の授業の場面です。黒板には

「我が國民性の長所短所
長所
素質
忠孝の美風
國土
島國　　擧國一致
熱烈な愛國心
風景・氣候　穏健
やさしい性情」

と書かれています。これ、修身ではありません、国語の授業です。

黒板の上の中央には校訓「誠實勇敢」額があります。黒板の右上には伊勢の「皇大神宮」の写真が入った額が、左上には皇居「二重橋」の写真の入った額が掲げられています。そして皇大神宮と皇居をつなぐ形で「國史年代

表」が貼られています。

年表の始まりは神代で、次に大和時代とありますが、神代と大和時代の間は、きちんとした境界線はなく斜めになって、次第に変わったという感じになっています。このような環境で育てば、事実として石器時代があったと証拠品を示していくら教えられたとしても、いまだに信じ難い人は絶対にいるはずです。私だってきちんと払拭できているかどうか分かりません。耄碌して死ぬとき、「天皇陛下万歳」と言わない保証はありません。

国定道徳教材『心のノート』―修身プラスアルファ

二〇〇二年四月、全国の小中学生に『心のノート』(小学校低学年向けは『こころのノート』)が配布されました。

私が初めて国定道徳教材というべき『心のノート』を見て、これは怪しいと思ったのは、全部の巻の扉ページが、ほとんど文字がなく空と雲だからです。空と雲があればいつでも神様を乗せることができます。意図的かどうか分かりませんが、いつでも神様が入れます。そういう意味では、道徳と修身は徳目的には、ほとんど同じだけど、さすがに、天皇や神様はいないなどと言われますけど、実態として、いつでも入れることができます。そして『心のノート』には畏敬の念というあやしいものがあります。小学校高学年用に人間の力を超えたものに「畏敬の念をもとう」と呼びかけています。空や雲を背景に東山魁夷の日本画を使って「大いなるものの息づかいをきこう」と呼びかけています。ここにも神様を呼び込みかねない雰囲気を感じます。

『心のノート』に示されている道徳の目指すものは、一 自分自身に関すること、二 人とのかかわり、三 自然や崇高なものとのかかわり、四 集団や社会とのかかわりで、これは人に迷惑をかけず、自立して親孝行して忠義を尽くす日本人になるという修身と全く同じです。それを学年に応じて四冊に繰り返すのです。例えば三、低学年の「うつくしいとかんじるこころ」が高学年では「畏敬の念をもとう」になり、例えば四、低学年では「あなたのそだつまち」が高学年、中学になれば「学校や国を愛する」に育ってしまいます。

小学校中学年用に「あやまちを［たから］としよう……」というページ(資料2)があります。これは私が

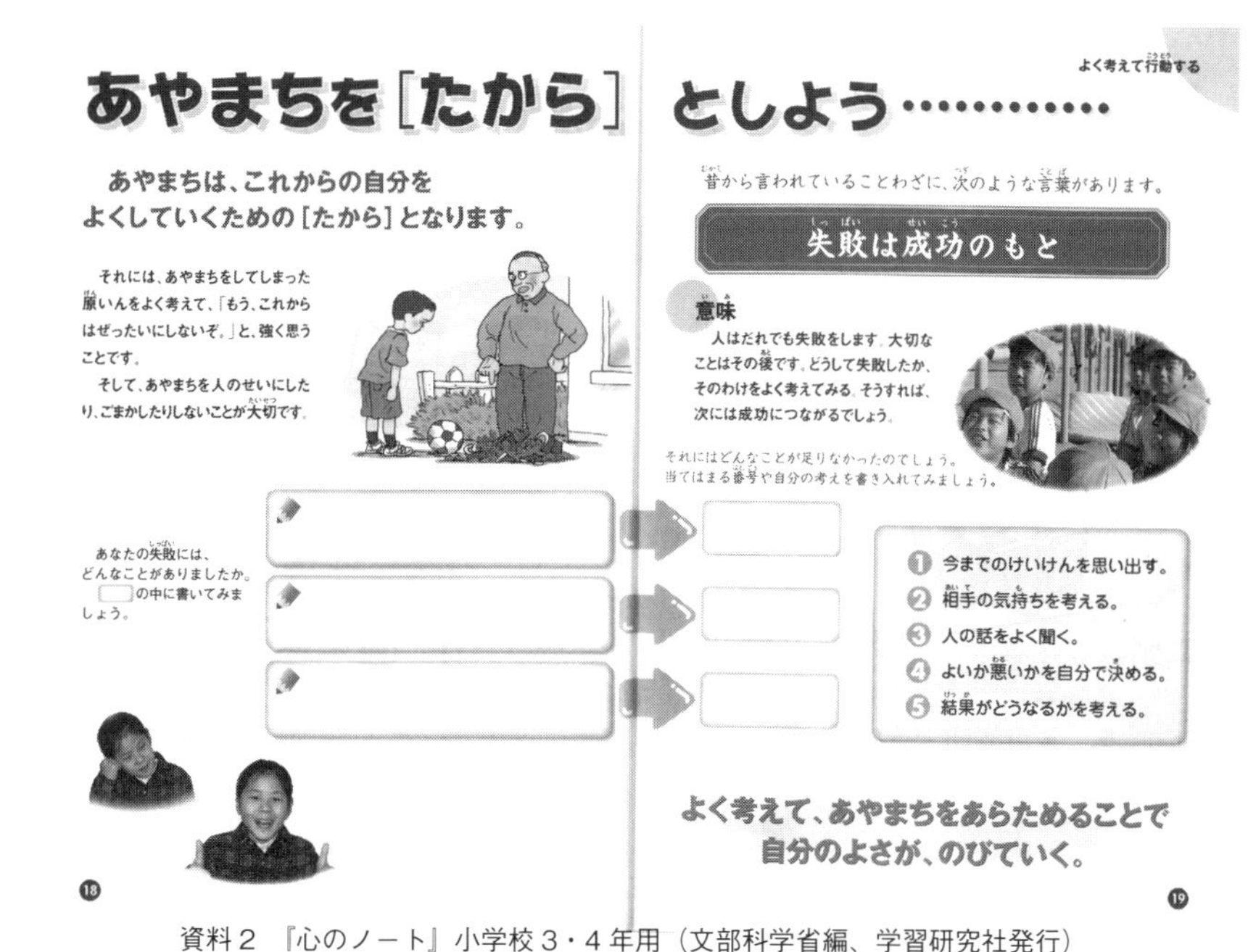

よく考えて行動する

あやまちを［たから］としよう…………

あやまちは、これからの自分を
よくしていくための［たから］となります。

それには、あやまちをしてしまった原いんをよく考えて、「もう、これからはぜったいにしないぞ。」と、強く思うことです。

そして、あやまちを人のせいにしたり、ごまかしたりしないことが大切です。

あなたの失敗には、どんなことがありましたか。□の中に書いてみましょう。

18

昔から言われていることわざに、次のような言葉があります。

失敗は成功のもと

意味

人はだれでも失敗をします。大切なことはその後です。どうして失敗したか、そのわけをよく考えてみる。そうすれば、次には成功につながるでしょう。

それにはどんなことが足りなかったのでしょう。
当てはまる番号や自分の考えを書き入れてみましょう。

1. 今までのけいけんを思い出す。
2. 相手の気持ちを考える。
3. 人の話をよく聞く。
4. よいか悪いかを自分で決める。
5. 結果がどうなるかを考える。

よく考えて、あやまちをあらためることで
自分のよさが、のびていく。

19

資料２　『心のノート』小学校３・４年用（文部科学省編、学習研究社発行）

十六

テンノウ
ヘイカ
バンザイ。

十七

キグチコヘイ ハ テキ ノ
タマ ニ アタリマシタ ガ、
シンデモ ラツパ ヲ
クチ カラ ハナシマセン
デシタ。

十八

トラキチ ノ ナゲタ マリ
ガ ソレテ、トナリ ノ
シヤウジ ヲ ヤブリ
マシタ。トラキチ ハ スグ
トナリ ヘ アヤマリ ニ
イキマシタ。

資料３　第三期国定教科書『修身書　巻一』小一〔1918（大正７）–1933（昭和８）年〕

使った第三期国定教科書『修身二』の十八課「アヤマチヲカクスナ　トラキチノナゲタマリガソレテ、トナリノシヤウジヲヤブリマシタ。トラキチハスグトナリヘアヤマリニイキマシタ。」（資料3参照）と同じです。ただ、ちょっと仕組みが違います。修身の場合には、先生が熱心に話をしました。過ちを犯したときにはすぐ謝らなければいけないとか、友達とは仲良くしなければいけない、などなどいろいろ例を挙げて話してくれました。ところが『心のノート』のほうは、ちょっと憎らしいことに、自分で書き込ませるのですが、そこにはちゃんと課題と回答が用意されているのです。ここらへんが、河合隼雄さんたち心理学者の仕業なんです。ノートですから、子どもが書き込むのです。書き込むことによって、与えられたものの中から選んでも、自分で思いつき獲得したと思います。その仕組みが用意されているわけです。自分で考えついたと思わせるように仕組まれている。これが『心のノート』の手法なんです。

　ここで具体的に修身（第三期）と『心のノート』を比較してみます。国定教科書第三期とは一九一八（大正七）〜一九三三（昭和八）年で、戦前で最も長く使われたもので、私はその最後です。その教科書の一年生の第一課から第十五課までは、絵だけなんです。先生が教科書と同じ絵を大きく描いた掛け図を使って教訓的なことを話してくれます。第十六課になるのは、ちょうど子どもたちがほぼ五十音の読み書きができるようになっているときです。当時カタカナでしたから、カタカナで始まっていますが、初めて文字が出てきます。それが「テンノウ　ヘイカ　バンザイ」です（資料3）。先生は、私たち日本人は天皇陛下のいらっしゃる有り難い国に生まれたのだから、国民は、忠義を尽くさなければなりませんと、付け加えてくれます。

　次の十七課はちゃんと「キグチコヘイハテキノタマニアタリマシタガ、シンデモ　ラッパヲ　クチカラハナシマセンデシタ」（ちなみに、これは第三期です。第二期には「キグチコヘイハラッパヲクチニアテタママ、シニマシタ」とリアルに書かれています。これが本当だと思います。喇叭手（らっぱ）であった木口小平は進軍喇叭を吹いている最中に弾に当たって死んだのですから、そのとおりです。ところが第三期になると「シンデモ　ラッパヲ　クチカラハナシマセンデシタ」、と死んでも放さないと、死んでも忠義の意志をもって口から放さなかったと忠臣に仕立てています。これが第四期になると、「キグチコヘイハ、イサンデ　センジヨウニ　オモムキマシタ」という前置きがつきます）と忠臣が続きます。

そして忠義な臣民になるためには、いい子じゃなきゃいけない。いい子は正直で誤ちを犯したときは、トラキチのように、すぐに隣に謝りにいかなければなりません。と続くのです。しかし、古今東西、おとなに抑圧されている子どもはそう正直ではありません。だからこそ正直であれという教訓が存在するのです。

『心のノート』はそれを押しつけられてではなく、自分の考えと思うよう仕組まれています。そうしてなった「いい子」は、日本の国の名を揚げた学者先生やスポーツ選手たちを見習って、最終的に「わが国を愛し、その発展を願う」国民にならなくてはいけない。そういうことが巧妙な仕組みで書かれていることがお分かりになったでしょうか。私のこじつけだと思われるかもしれませんが、やっぱり、同じでしょう、修身と道徳。

で、その『心のノート』っていうのは、どのようにして出てきたかというと、それは、日本の教育がどう変わってきたかということとは、ほぼ一体なものとしてあると考えますので、ご存じでしょうが、『心のノート』に関する簡単な経過を学習指導要領の改訂の様子と併せて考えていただきたいと思います（資料4参照）。

家庭（保護者）もねらう『心のノート』——障害者は愛国者にならない

もう一九五〇年には、文相天野貞祐が祝日に「国旗掲揚・君が代斉唱」をすすめる談話を発表し、全国教育長会議で修身の復活を表明しています。一九五八年の指導要領の改訂以来、急速に「日の丸・君が代」が復活してきます。一九六六年には中教審の「期待される人間像」が発表されています。一九九九年には、子育てを応援するためとして『家庭教育手帳』を保健所を通して配布、『家庭教育ノート』を学校を通して配布しましたが、なかなか家庭には浸透しませんでした。余談になりますが、私はこの時期『家庭教育ノート』を近所の公園のゴミ箱で拾ったことがあります。多分そこに描かれたあるべき家庭像みたいなものに違和感をもった子が家に持ち帰らず捨てたのだと思います。

資料4 『心のノート』に関する簡単な経過

1947　教育基本法公布　学習指導要領試案

1950　文部省、祝日に国旗掲揚・君が代斉唱をすすめる天野貞祐文相談話を通達。文相、全国教育長会議で修身科復活を表明。

1953　教育課程審議会、道徳教育を強調した社会科改訂を答申。

1958　学習指導要領を官報に告示、「最低基準」を強調。
小・中学校に道徳科を特設（高校には「倫理・社会」設置）。
行事等に「国旗を掲揚し、君が代を斉唱することが望ましい」の文言が登場。能力・適性に応ずる教育の重視。

1966　63年の経済審議会答申「経済発展に人的能力発達の課題と対策」を受けて中教審、高校教育の能力主義による多様化の推進を答申。「畏敬の念」「愛国心」「天皇への敬愛」を盛り込んだ「期待される人間像」を別記として発表。

1968　学習指導要領改訂、「能力・適性」の選別教育強化。
教育課程の構成を、各教科・道徳・特別活動の三部とする。
小・社会科に神話復活。中・社会科に「公民的分野」。

1977　学習指導要領改訂、総則から教育基本法の文字を削除。
「君が代」の国歌化。高校「現代社会」必修、習熟度別学級編成の導入

1984～87　臨時教育審議会「知育・徳育・体育」の順序を「徳育・知育・体育」に変更。「徳育の充実」が改革の課題。

1985～　このころから臨床心理学者河合隼雄、臨教審などで学校・家庭への心理学導入を提案。

1987　教育課程審議会、社会科解体を答申。

1989　学習指導要領改訂。
国家主義的な道徳教育の強化。「国旗・国歌」の扱いについて、特別活動に「入学式や卒業式においては、その意義を踏まえ、国旗を掲揚するとともに、国歌を斉唱するよう指導するものとする」と記した。
小・理科・社会科を廃止し、道徳色をもつ「生活科」に。
高校社会を解体再編し「現代社会」を必修からはずし、「地理歴史科」と「公民科」にし、国家主義を導入しやすくした。保健体育の「格技」を武道に改める（中・高）。

1995　「文部省、スクールカウンセラー活用調査研究委託調査事業」開始。

1998　「心の教室相談員」の配置。
学習指導要領改訂。
国家主義的道徳教育強化。「国旗・国歌」の指導強化。
週 5 日制に対応し、教科内容 3 割減。総合学習の時間(小 3 以上週 3 時間)。
中、選択教科拡大。
「国旗・国歌」の扱い 89 年に同じ。

1998　中教審答申「新しい時代を拓く心を育てるために……次世代を育てる心を失う危機」。

1999　文部省、親向けの『家庭教育手帳』『家庭教育ノート』を作成、配布。

2000　教育改革国民会議、教育改革最終報告「教育を変える 17 の提案（国家や郷土、伝統、文化の尊重。日本人としての自覚等)」。
河合隼雄、小渕内閣の私的諮問機関「21 世紀の日本の構想懇談会」の座長になり「国家にとって教育とは一つの統治行為である」と言う。

2001.11　文科大臣　教育振興基本計画の策定と教育基本法の在り方について中教審に諮問。

2002.4　文科省『心のノート』作成配布。

2002.7　京都市教委「道徳教育 1 万人アンケート」

2002.7.10　塩田晋議員（自由）『心のノート』が子どもの手に渡っていないと、衆議院予算委員会で質問。

2002.7.12　文科省『心のノート』配布状況調査。

2002.7　福岡市立小学校 6 年生の通信表社会科で「国を愛する心情や日本人としての自覚」を ABC で評価。

2003.3　中教審、愛国心・公共心、家庭の重要性等を盛り込んだ教育基本法「改正」を答申。

2003 年度　文科省　道徳教育さらに充実。『心のノート』配布のほか、それを活用した公開授業の推進。「心の先生」の活用など。

『心のノート』は、行き届かなかった『家庭教育ノート』『家庭教育手帳』の反省も込めてかなり家庭を意識して作られたと思います。教師用手引書には「……家庭との『架け橋』としての性格も有している。学校や家庭での生活や学習の中で、また、地域での生活を振り返るときに、児童生徒が自主的かつ積極的に活用し、道徳性をはぐくんでいくことを期待している」と記しています。

ある学校の熱心な教師は手引書に従って母親と共に読むことを勧めました。素直な子どもは母親の前で開いて読み始めました。低学年用の巻頭の「このノートのつかいかた」です。

「このノートは、あなたのこころをおおきくうつくしくしていくためのものです。こころのえいようをじょうずにとるためのヒントもたくさんのっています。
このノートをがっこうやいえでくりかえしひらいて、あなたのこころをおおきくうつくしくしてください。」

隣のページに保護者の方へとして「このノートは、子どもたちの心の教育を充実させることを目的に作成されています……」とあります。私の友人である母親は「あなたの心、こんなもの読まなくても十分美しいよ」と怒鳴ってしまったと言い、『心のノート』に冒されていかないか案じていると言っています。

低学年の「ありがとうをさがそう」というページがあります（資料5参照）。「ありがとう」って探すものですか？　ありがたいことがあったときにそう言うのであって、分け入って探すものではないと思うんですが……。探させるのです。「さがそう」と言いながら、ちゃんとヒントを用意しています。真ん中に黄色い顔をしたありがとうキャラクターがあり、それと同じ顔の人をみつければアタリです。それは道を教えているお巡りさん、勉強を教えている学校の先生、ご飯を作っているお母さんなどなどです。仕事だから教えている先生もいれば、先生との関係で学校に行けない子もいっぱいいるのに……。

魂胆は次のページに続きます。「ありがとうカードをわたそう」というのです。探した「ありがとう」に「ありがとうカードをわたそう」になります。六年生に下級生がありがとうカードをわたす写真が載っていますし、「おかあさん　おいしいご飯をありがとう」というお手

資料５　『こころのノート』小学校１・２年用（文部科学省編、発行）

本があります。ほどほどに親をやっている人への当てつけとも思えます。家のご飯よりハンバーガーかなんかのほうがいい子もいるわけですが……。理想の母親像に従わせようというたくらみかもしれません。教師も「勉強教えてくれてありがとう」などというカードをもらえば、組合会議への足が鈍るかもしれません。そうして聖職教師に導く、それが狙いかもしれません。

『心のノート』は、教育改革国民会議の肝煎りで順序を踏んで作られたわけですけど（確かに教育改革国民会議の一七の提案を具体化するため二〇〇一年一月に発表された「二十一世紀教育新生プラン」には、二〇〇二年配布をめざすことが記されていましたが）、現場にしてみれば、いきなり全員に配られ、これを使って授業しろ、というわけですから戸惑いや混乱がありました。教育委員会でも邪魔なものが、と思ったところもあったはずです。廊下に長い間山積みになっているのも見ました。地域によっては、実情に応じて独自に道徳の教材を作っているところもありました。それこそが地域の道徳教材だったわけです。だから、教育委員会に届いてもなかなか配られないところもありました。「どこから出たか分からないお金を七億円も使って」とか「なぜ配布・使用を強制するのか」という声もあちこちからあがりました。

そんな状況に、自由党の塩田晋議員が七月十日、衆議院で「『心のノート』を配ったはずだけど、子どもに届いていないところがあるのではないか」という質問をしました。これを受けて文科省は七月十二日には、都道府県教委に照会を出していました。内容はきちんと一人ひとりの子どもに配ったかということですが、盲・聾・養護学校は調査の対象としないと書いてあるのです。ということは、盲・聾・養護学校の子どもには配っても仕様がないというのでしょうか。特殊学級（今は特別支援学級と呼ばれていますが）も、子どもの状況が使用困難と判断された場合は配らなくていい。なぜだと思いますか？

これはどんな教科書よりも分かりやすく書いてあるんだけれど、この中には、障害者が一人も出てきません。この頃はどこへ行っても障害者を見かけるのですが、出てくるのは、体験学習の対象として車椅子を押す場面であったり、親切の対象として横断歩道を渡る視覚障害者に肩を貸している場面でしか登場しません。共に学ぶ友達としては障害をもつ子どもは全く出てきません。学校は健常児で成り立つものという意識があるのでしょうが、そういうことにも気を遣って、盲・聾・養護学校生には配らなくてもいいというのかもしれません。が、たぶんそうではなく障害児は戦力にはならないということでしょう。「我が国を愛しその発展を願う」国民を育成するテキストを渡さなくてもよいというのですから。

戦時中、障害者が国からどんな扱いを受けたか、考えないわけにはいきません。「穀つぶし」と呼ばれ身を潜めて生きていました。精神病院などでは、たくさんの人が餓死しています。

不届きな強制配布、地教行法による指導助言

児童・生徒が使う教科書には検定制度、採択制度があって、なかなか理想的な教科書を作ることも採択することもできません。教科書は検定制度が変わってきて、文科省の意のままになってきていますが、少しでもましなものを選ぼうという取組みをする余地が少しばかりあります。しかし『心のノート』に限っては、ある日突然やってきて使えというわけです。教育課程は学校で編成す

ると指導要領に示されているにもかかわらず、どうしてそんなことができるのか。

いきなり配られ、内容を吟味する間もなくこれで授業をやれというのですから、現場の教員が戸惑うのは当たり前です。さらに会計監査員の調査が入った地域もありました。監査に怯える管理職が使用と週案への記入を命じた学校もあります。

このようなことは国会でも問題になりました。一例ですが、二〇〇三年二月二十七日、衆議院予算委員会第四分科会で中川智子議員（社民党）の質問に答えて文科省は、

・『心のノート』の作者：河合隼雄をキャップとする協力者会議を経て文科省が制作

・『心のノート』の法的根拠：地方教育行政の組織及び運営に関する法律（地教行法）で文科大臣は地方公共団体に対する指導助言ができる。その一環である。

・『心のノート』の使用義務：副読本同様使用義務はないが、各学校の設置者である市町村が道徳教材として使用を決定すれば、使用義務が教職員に課せられる。

と答えています。

現実的に使用を強制していますので、現場の教員には使用義務が課せられていることになります。こんなことができるとすれば次は何だろうと思っていたら、二〇〇四年『元気アップハンドブック』（発行：文部科学省　制作協力：財・日本体育協会）が配布されました。

戦争するには国民の逆らわない心と丈夫な体が必要
――健康増進法・『元気アップハンドブック』

小学校低学年・中学年・高学年用があります。中学校はありませんが幼稚園用があります。『心のノート』ほど立派ではありませんけど、形式は同じで、体位や体力の記録の他、目標を立てて自分の生活を改善しようといったものです（資料6参照）。子どもに、何時に起きて、何時に寝る、テレビは何時間しか見ないといった具合に目標を立てさせて、自分で書き込ませ、実行させようというもので、自助努力のすすめです。背景には、二〇〇三年に出た健康増進法があります。

健康増進法は愛煙家が不自由していることくらいしか知られていないと思います。確かに二五条に受動喫煙の防止が謳われていますが、第一章総則（一）の目的

生活の様子をチェックしてみよう！

毎日、楽しく元気にすごすためには、どんなことが大切でしょうか？自分の生活の様子をチェックしてみましょう。

□ はやね、はやおきをする
- 自分のねる時刻 ：
- 自分のおきる時刻 ：

□ 食事をしっかりとる
- 朝ごはんは必ず食べる
- 好ききらいをしない
- よくかんで食べる

□ テレビをみすぎたり、テレビゲームをしすぎない
- 1日のテレビをみる時間 ：
- 1日のテレビゲームをする時間 ：

□ 毎日、元気に体を動かす

☑ 自分のチェックをつくってみよう

□ ＿＿＿＿＿＿＿＿
□ ＿＿＿＿＿＿＿＿
□ ＿＿＿＿＿＿＿＿
□ ＿＿＿＿＿＿＿＿

健康で元気にすごすためのくわしいヒントはここをみて！
「子どもの体力向上」ホームページ
http://www.japan-sports.or.jp/kodomo/

14

自分の体力・運動能力を知ろう！

健康的な生活をおくるために、自分の体力の様子を知ることは大切なことです。「新体力テスト」の結果を活用しましょう。

学年で線の色を分けよう
3年：黒
4年：赤

握力
上体起こし
長座体前屈
反復横とび
20mシャトルラン
50m走
立ちはばとび
ソフトボール投げ

3年生　測定日：　年　月　日　身長：　cm　体重：　kg

握力	上体起こし	長座体前屈	反復横とび
kg	回	cm	点
20mシャトルラン	50m走	立ちはばとび	ソフトボール投げ
回	秒	cm	m

4年生　測定日：　年　月　日　身長：　cm　体重：　kg

握力	上体起こし	長座体前屈	反復横とび
kg	回	cm	点
20mシャトルラン	50m走	立ちはばとび	ソフトボール投げ
回	秒	cm	m

全国平均値などが知りたければここをみて！
「子どもの体力向上」ホームページ
http://www.japan-sports.or.jp/kodomo/

15

資料6　『元気アップハンドブック』小学校中学年用　（発行：文部科学省、制作協力：財・日本体育協会）

に「国民の健康の増進の総合的な推進に関し基本的な事項を定めるとともに、国民の健康の増進を図るための措置を講じ、国民保健の向上を図る」とあり、国民の身体を国が管理しようというものです。なるべくお金がかからないように費用を節約して、責任を国民にもたせるものです。健康増進法の総則の（二）は責務ですが、1は国民の責務で、「健康な生活習慣の重要性に対し関心と理解を深め、生涯にわたり、自らの健康状態を自覚するとともに、健康の増進に努める」とあります。すなわち、まず健康でなければいい国民ではありません。健康が大事だといわれたら、健康でない人、病気をもっている人、障害者が疎外されます。戦争中障害者がどんなにつらい思いをしたか。世界の歴史の中で最も国民の健康に気を配ったのがナチスドイツであったことはよく知られています。（その徹底した癌対策、喫煙対策、体力増強策の行き着いた先がホロコーストであったことを忘れてはならないと思います。）

いま学校では健康対策が大変です。食育基本法もできました。栄養教諭も制度化しました。文科省の「子どもの生活リズム向上プロジェクト」と連携して「早寝早起

き朝ごはん」協議会も大活躍しています。果ては文科省は、家庭環境格差の影響であるものをあえて「朝食とる子は成績がいい」などと発表しています。

どんなに科学が進んでも、戦争をするには国民の逆らわない心と丈夫な体が必要です。『心のノート』と教員に対する処分でほぼ逆らわない状態は完成しつつあります。

『元気アップハンドブック』についてはあまり関心がもたれていないようですが、私たちが戦時中持たされた体力手帳と共通のものを感じます。体力手帳は一九四〇年に「政府ハ國民体力ノ向上ヲ圖ル爲本法ノ定ムル所ニ依リ國民ノ体力ヲ管理ス」として制定された国民体力法に基づいて作られ持たされたもので、身長・体重などの体位のほか走力や跳力なども記録され、体の履歴書のようなものでした。

こうしてみると国家の健康管理状況が戦前のように整ってきたように思います。振り返って見ると、一九二八年、昭和天皇の大礼の記念事業としてラジオ体操が始まっています。戦争準備は国民の健康づくりから始まります。一九三〇年には、「日本一健康優良児」表彰制度がスタートします。今は学校表彰しかしていませんが、長い間健康優良児を選んでいました。主催は朝日新聞社でしたが、実際は国家行事でした。全国の小学校の六年生から、男女各一名の健康優良児を選び、その中から県知事が各一名を県代表として選び、その中から日本一を決めたのです（資料7参照）。ただ体格がいいだけではなく、体力も知力も優良で、家庭環境がよくなければなりませんでした。一九三八年には厚生省ができます。同じ年に成立した国家総動員法は、いざというとき、国家は物的・人的資源を自由に調達できるというものですが、その人的資源確保のためにつくられたのが厚生省です。一九三九年に、「産めよ殖やせよ国のため」（「結婚十訓」

資料7　鹿野政道著『健康観にみる近代』（朝日選書）より。上の写真は東郷平八郎の訓示を受ける第一回「日本一の健康児」

より）という標語が出てきます。そして一九四〇年に国民体力法ができます。随分似てきました。今、出会いから不妊治療まで国が面倒みようとしています。資源としての人間の必要の現れでしょうが、国の管理は進みます。

愛国心の評価

教育基本法が能力主義と愛国心を基調に「改正」されましたが、文部大臣の告示で済む学習指導要領はすでに一九九八年改訂（二〇〇二年実施）の段階で、六年社会科の目標に「……我が国の歴史や伝統を大切にし、国を愛する心情を育てるようにする」と愛国心を盛り込んでいました。それが、端的に現れたのが愛国心を評価する通信表問題です。問題になって、今福岡市では使われていませんが、同様なものは各地に横行しています。

福岡のもの（資料8参照）で言えば、まず表紙に神社の絵があります。児童の作品ですが、一年から六年までの六種類のうちの四つまでが、神社ということは、ある意図を感じます。通信表は単なる通信表で、法的には何の規制もありません。出しても出さなくてもいいし、出すなら各学校ごとに作ればいいものです。福岡の場合、校長会原案で教育委員会が作って配布したものですが、独自のものを作るんだったら、学校予算を使えというので、ほとんどの学校がこれを使ったようです。この時点で内容を含め問題にする教員がいなかったことを、日本人として情けなく思います。また配布後も事を明らかにしたのは教員組合に結集する教員でもなければ、平和運動を進める保護者でもありませんでした。我が子がもらってきた通信表の社会科で「我が国の歴史や伝統を大切

No.

平成14年度

通信表

福岡市立　　小学校

第６学年　組

氏名

資料８　通信表

No.＿＿＿＿＿　氏名（　　　　　　　　）

学　習　の　記　録

	観点	学習状況			評定		
		1	2	3	1	2	3
国語	国語に対する関心をもち，計画的に話し合ったり，適切に書いたり，幅広く読書したりしようとする。						
	目的や意図に応じ，考えた事や伝えたい事などを的確に話したり，相手の意図を考えながら聞いたりする。						
	目的や意図に応じ，考えた事などを筋道を立てて効果的に文章を書く。						
	目的に応じ，内容や要旨を把握しながら読む。						
	音声，文字，語句，文や文章の構成，言葉遣いなどの基礎的な事項について理解し，文字を正しく書く。						
社会	我が国の歴史や伝統を大切にし国を愛する心情をもつとともに，平和を願う世界の中の日本人としての自覚をもとうとする。						
	我が国の歴史や政治，国際理解に関する社会的事象をより広い視野から考える。						
	社会的事象を具体的に調査し，地図や年表などの基礎的資料を効果的に活用し，表現する。						
	我が国の歴史や政治，我が国と関係の深い国の生活や国際社会における我が国の役割を理解している。						
算数	数量や図形の性質などに着目して考察処理したり，論理的に考えたりすることのよさに気付き，進んで活用しようとする。						
	算数的活動を通して，数学的な考え方の基礎を身に付け，論理的に考えたり発展的，統合的に考えたりする。						
	分数の計算やその活用が確実にでき，立体図形の体積を求めたり，速さなどの数量の関係を表したり，調べたりする。						
	分数の計算の意味，体積の求め方，立体図形の意味及び比や比例などの数量の関係の表し方や調べ方を理解している。						
理	自然事象を意欲的に追究し，生命を尊重するとともに自然の力の大きさを感じ，見いだしたきまりを生活に当てはめようとする。						
	自然事象から問題を見いだし，多面的に追究し，相互関係や規則性をとらえ，問題を解決する。						
	[illegible]						

資料９　学習の記録

にし国を愛する心情をもつとともに、平和を願う世界の中の日本人としての自覚をもとうとする」（資料９参照）という項目の評価をされたことについて、在日コリアンである父親や仲間が、人権問題として学校や教育委員会に項目の削除を求めて交渉を重ねていましたが、埒があかないため弁護士会に人権救済の申し立てをして記者会見をしてからです。

愛国心の強要はまずは日本人の問題ですが、日本の学校には日本人にはなるつもりのない外国人の子どもがたくさん在学しています。この問題が起こったとき、後に小泉首相でさえ、国会で「こんな難しいこと、小学生にできない」と言うほどのことなのに、文科省は「在日外国人に対する配慮が足りないものの、学習指導要領にあるので問題はない」と言っていました。

教育基本法「改正」は、実態としてあった「改正」状況を明文「改正」したものだと思います。

第一回「修身と道徳」感想

かつて奪われた「心とからだ」を未だ完全に取り戻せないでいる人一倍の悔しさ

京極紀子

連続学習会第一回目は十二月十六日。安倍政権悲願の教育基本法「改正」法案が強行採決で可決されたその翌日の開催となった。テーマは「修身と道徳」。

北村小夜さんは、「愛国心」が教育の目標に掲げられ「改正」教育基本法のすべてを覆うという状況の中で、もはや戦争は「教室」どころか、どこにいても「愛国心」の抑圧を受けなくてはいけない、すでに今もそうであるわけだけれど、子どもたちは、これからさらに「家庭環境」、「成績」、「愛国心」の順に振り分けられていく。そういう教育が始まるのだ、と語り始めた。戦前と酷似する現在、否、現在のほうがある意味より巧みでさえある。

戦前、修身はすべての教科の前提である首位教科として、神代の時代から始まる歴史観の下、天皇のために命を捧げる教育を子どもたちに押しつけた。戦後、教育基本法が制定され、天皇主義的教育の支柱であった「教育勅語」は失効したが、一九八九年以後、「道徳」が学習指導要領の総則の中で「学校の教育活動全体を通じて行うもの」に押し上げられるなど、今や「かなめ」である。今、「日の丸・君が代」強制の根拠とされる学習指導要領も、一九四七年教育基本法公布の年に初めて出されたときには、「試案」であった。序文には画一的な戦前の教育の反省に立った教育のあり方がはっきり書かれている。改訂されるたびに後戻りして、五五年には「試案」という言葉が消え、五八年に官報へ告示されると法的拘束力があるのだという押しつけが始まり、併行して「道徳」の教科化が始まった。国家の戦後教育政策は、憲法と教育基本法の理念をどう具現化するかではなく、いかに空洞化・形骸化させるかの歴史であったという。

戦後の「道徳」は戦前の「修身」の徳目とほぼ重なる。そして「徳目」は、改正される前の教育基本法の中にも教育の目的として内包されていたのだ。足下からすくわれてしまいそうだね。二〇〇二年『心のノート』の登場。七億円以上もかけて、補助教材という名目で文科省が作成したものだが、地方教育行政の組織及び運営に関する法律の文科省による教育委員会への「指導、助言、援助出来る」を根拠に使用を義務付けた。「国定教科書」そのものであると思う。心理学者河合隼雄監修の心理主義的手法（ノートに記入させるという手法は自覚誘導的である）で子どもたちを巧みに誘導、心を奪い取っていくのだ。

大礼記念事業としてラジオ体操開始（一九二八年）、健康優良児表彰制度の開始（一九三〇年）、国家総動員法・厚生省発足（一九三八年）、「産めよ殖やせよ国のため」の標語の流布（一九三九年）、「国民優生法」・「国民体力法」（「体力手帳」の交付も！）制定（一九四〇年）など、戦前実施された数々の施策がナチスドイツの国民健康管理や戦争施策のための「体力づくり」に学び、まねて実行された。そして現代の健康増進法、少子化対策基本法がかつてのそれらとぴったりと重なる。「戦前」と「現在」のあまりの近さにびっくりしてしまうし、いかに巧みに国が子どもたちから「心とからだ」を奪ってきたか、思い知らされる。

「できん者はできんままで結構。戦後五十年、落ちこぼれの底辺をあげることにばかり注いできた労力をできる者を限りなく伸ばすことに振り向ける。百人に一人でもいい、やがて彼らが国を引っ張っていきます。限りなくできない非才、無才には、せめて実直な精神だけを養っておいてもらえばいい」（元文化庁長官、当時教育課程審議会会長だった作家の三浦朱門の言葉——斎藤貴男著『機会不平等』より）。この言葉どおりに、二〇〇七年四月、四〇年ぶりに全国一斉学力テスト、二〇〇九年からは全国体力テストが実施される。二〇〇二年、福岡市で問題になった「愛国心」通信表も、「改正」教育基本法やこの（二〇〇八年）三月に告示された新学習指導要領で当たり前のものになりかねないと思う。

小夜さんは、教育基本法が「改正」されて、戦後着々とつくり上げられてきた諸「改革」を「押し戻すよりどころの一つとして使えなくなったことは不便」とだけ語った。「今までずっと言ってきたし、これからも続けていくしかないではないか」とさらっと言う。

「子どもとは決められたことを大人以上に忠実に守ろうとするもので、あの時代に一人でもおかしいことはおかしいと言ってくれる大人がいれば、自分は軍国少女にならずにすんだ」と言う小夜さん。爆弾三勇士の提灯行列をさり気なく断った小夜さんのお母さん、先生にほめられると思って敵であるチャーチル（当時のイギリス首相）とルーズベルト（当時のアメリカ大統領）をミンチにするポスターを描いた小夜さんに、黙ってその作品を返した美術の教員……。明確な意思表示とは言えないけれど、あの時代、良心的とも思える彼らの振舞いを小夜さんは許さない。その厳しさに、かつて奪われた「心とからだ」を未だ完全に取り戻せないでいる北村小夜さんの人一倍の悔しさを感じて私も胸が痛くなった。

第二回

音楽　歌い継がれる戦争の歌

（文部省唱歌――共通教材）

――音楽は軍需品～歌は身に付き、人のこころを唆す

はじめに――日本の音楽教育の不幸な出発

こんにちは。北村です。今日はテーマが「歌い継がれる戦争の歌」です。音楽についてよくわからない私が話すのは大変おこがましいのですが、「音楽」が非常に大きな力をもって、国民の心を操作してきたし、今またそうなりつつある、という危機を感じています。

これ、なんの教科書か分かりますか？　ちょっと見たら、お分かりにならないと思うんですけど、二〇〇四年度から使われている音楽の教科書の見返しです（資料1）。教育芸術社の小学六年生用です。教育芸術社版はそれまで教育再生会議（二〇〇六年、安倍内閣の閣議決定により設置）の人たちが歌わせるべきだと言う「仰げば尊し」などは載っていませんでした。「蛍の光」も載っていませんでした。私たちは教育芸術社の教科書は、かなりマシだと思っていました。私たちが、マシだと思うものは、私たち以外の人にとっては困った教科書だったわけですね。ですから、その人たちの圧力があったのでしょう。今度の改訂で大きく変わりました。まずはこういうもの

資料1　『小学生の音楽6』（教育芸術社）より

が載りました。これは、二〇〇二年にさいたま市の埼玉スタジアムで行われたサッカーの試合を応援する日本の人たちの旗です。旗の数、ざっと数えても四〇〇はあります。もっと丁寧に数えるともっとたくさんあると思うんですけど。という具合に、ちょっと見ただけでも、変わってきています。歴史を辿りながら具体的にお話ししたいと思います。

これは一八七九（明治十二）年に天皇の名で出された教学聖旨です。

「教學聖旨」

教學大旨

教學ノ要仁義忠孝ヲ明ラカニシテ智識才藝ヲ究メ以テ人道ヲツクスハ我祖訓國典ノ大旨上下一般ノ教トスル所ナリ然ルニ輓近專ラ智識才藝ノミヲ尊ヒ文明開化ノ末ニ馳セ品行ヲ破リ風俗ヲ傷フ者少ナカラス然ル所以ノ者ハ維新ノ始首トシテ陋習（ロウシュウ）ヲ破リ知識ヲ世界ニ廣ムルノ卓見ヲ以テ一時西洋ノ所長ヲ取リ日新ノ功ヲ奏スト雖（イヘ）トモ其流弊仁義忠孝ヲ後ニシ徒ニ洋風是競フニ於テハ將來ノ恐ルル所終ニ君臣父子ノ大義ヲ知ラサルニ至ランモ測ル可カラス是我邦教學ノ本意ニ非サル也故ニ自今以往祖宗ノ訓典ニ基ツキ專ラ仁義忠孝ヲ明カニシ道德ノ學ハ孔子ヲ主トシテ人々誠實品行ヲ尊ヒ然ル上各科ノ學ハ其才器ニ隨テ益々畏長シ道德才藝本末全備シテ大中至正ノ教學天下ニ布滿セシメハ我邦獨立ノ精神ニ於テ宇内ニ恥ルコト無カル可シ

小學條目二件

一　仁義忠孝ノ心ハ人皆之有リ然トモ其幼少ノ始ニ其腦髓ニ感覺セシメテ培養スルニ非レハ他ノ物事已ニ耳ニ入リ先入主トナル時ハ後奈何トモ爲ス可カラス故ニ當世小學校ニ繪圖ノ設ケアルニ準シ古今ノ忠臣義士孝子節婦ノ畫像・寫眞ヲ掲ケ幼年生入校ノ始ニ先ツ此畫像ヲ示シ其行事ノ概略ヲ説諭シ忠孝ノ大義ヲ第一ニ腦髓ニ感覺セシメンコトヲ要ス然ル後ニ諸物ノ名狀ヲ知ラシムレハ後來思孝ノ性ニ養成シ博物ノ學ニ於テ本末ヲ誤ルコト無カルヘシ

二　去秋各縣ノ學校ヲ巡覽シ親シク生徒ノ藝業ヲ驗ス

ルニ或ハ農商ノ師弟ニシテ其説ク所多クハ高尚ノ空論ノミ甚キニ至テハ善ク洋語ヲ言フト雖トモ之ヲ邦語ニ譯スルコト能ハス此輩他日業卒リ家ニ帰ルトモ再タヒ本業ニ就キ難ク又高尚ノ空論ニテハ官ト爲ルモ無用ナル可シ加之其博聞ニ誇リ長上ヲ侮リ縣官ノ妨害トナルモノ少ナカラサルヘシ是皆教學ノ其道ヲ得サルノ弊害ナリ故ニ農商ニハ農商ノ學科ヲ設ケ高尚ニ馳セス實地ニ基ツキ他日學成ル時ハ其本業ニ帰リテ益々其業ヲ盛大ニスルノ教則アランコトヲ欲ス

一八七二（明治五）年学制が公布されました。小学校の教科の中に「楽器に合わせて歌曲を正しく歌い、徳性の涵養情操の陶冶を目的とする」教科として「唱歌」がありました。音楽でなく唱歌、すなわち唱える歌です。リズムに乗せて唱える歌詞が大切だったのです。

教科の一つになったものの何をどう教えてよいか分からない、教えられる教員もいないため、学制の唱歌の下には「当分ノ間之ヲ欠ク」とあったのです。しかし、世を挙げて文明開化の時代。欧米の民謡・賛美歌・学校唱歌を取り入れて日本語の歌詞をつけたものに日本の民謡やわらべうたなどを少し加えて、一八八一（明治十四）年、初めての小学唱歌集が刊行されますが、間際になって儒教道徳の歌「五常五倫の歌」が加えられます。その背景には文明開化の方向で進められてきた教育政策の転換がありました。それは、ようやく盛り上がってきた自由民権運動に対処するものでした。徹底的に自由民権運動を抑圧しようと考えたときの支配者は、国民の基礎的な教育である小学校教育を完全な支配下に置こうとしました。それがこの天皇の名で出された「教学大旨」です。

西洋の文化を取り入れることはそれなりに効があるけれども、日本はまず忠君愛国で、道徳は儒教であるという、それは幼少のうちから脳髄に感覚させておかなければならない、そのためには忠臣・義士・節婦などの画像や写真を使うのがよいと示しています。特定の思想を子どもの脳髄に感覚させるには画像や写真、そして唱歌が有効なことを認識してのことと思います。小学唱歌集には明確にその意図が表れたのです。日本の教育にはその後もしばしばこのようなことが起こります。

今、同じようにわが国の伝統文化を強調し、道徳を教科の冒頭に置き、すべての教科が道徳的になってきています。今の文科大臣も同じようなことを言っています。訳が分かろうと分かるまいと、とにかく頭にしみこませておかなくてはいけないと。

それにしてもこの明治十年代に小学唱歌が作られたことは日本の子ども、日本の教育にとって大変不幸なことでした。音楽教育本来の教育ではなくて、道徳のための音楽教育として出発したのですから。今、共通教材として指導要領に示されている歌のほとんどはこの時期に作られたものです。

文科省のさざれ石

本題に入らなくてはいけないのですが、まず、レジュメの裏をご覧ください。ご存じですか？　文科省にさざれ石があるのを（写真1）。行ってご覧になるといいと思います。文科省に入って受付がありますが、その右側です。君が代の歌詞はさざれ石が巌となると言うのですから、小石そのものがだんだん大きくならなくてはいけないのですが、そういうことは科学的にあり得ないわけですよね。ところがここには「国歌に歌われているさざれ石」という立て札があって、説明が書いてあります。「石灰質角礫岩といい石灰質石が溶けてまわりの小岩をくっつけて岩になったもの」だとあります。だったら、これでは「さざれ石が巌となった」とは言えません。高さ八〇センチ、幅一メートルほどで、どう見ても、小石をセメントで固めたようにしか見えませんけど、それが文科省の玄関の大きなガラスケースに飾られています。多分私たちが「さざれ石が巌になるはずないじゃないか」

写真１　文科省・仮庁舎時代

写真２　文科省改築後、中庭のさざれ石（2008年４月）

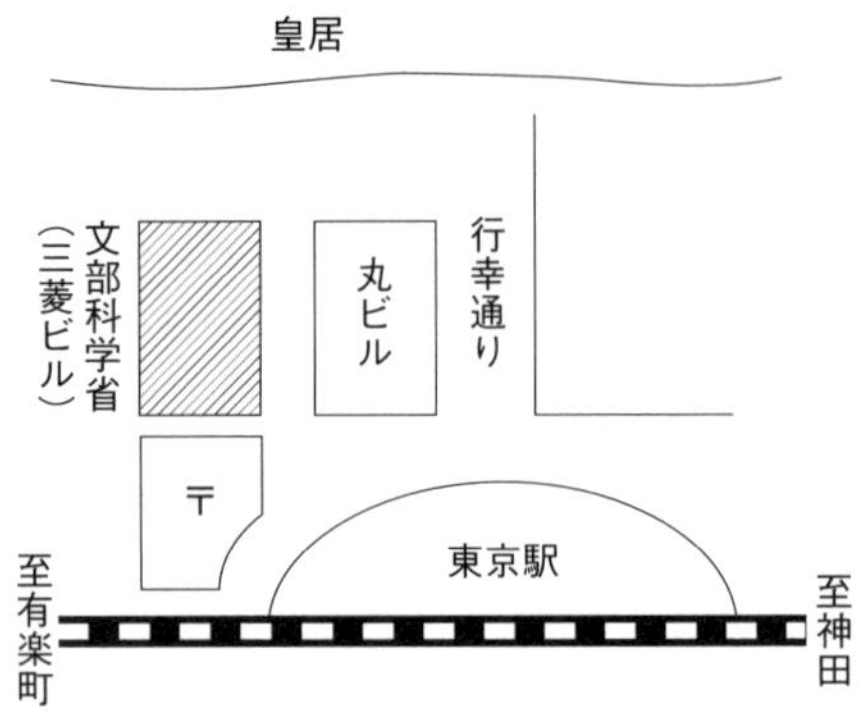

というのを、説得しようという魂胆かもしれませんけど。ばかばかしい話です。

こんなばかばかしい話を、文科省が本気で信じているとは思いませんので、たまたま岐阜県の春日村の方々が寄贈なさったので、寄贈されたものを返すわけにいかないので文科省の中庭（写真2）においてあるのだと思っていました。もともと建て替え中の虎ノ門庁舎の中庭にありました。私は、誰も本気にはしていないので、改築されるときには瓦礫の下に埋もれて、それで終わりになると思っていました。

それが、今、仮住まいの旧三菱重工本社のビル（現三菱ビル）玄関に飾ってあるではありませんか。場所は皇居前、脇の東京駅に向かう通りは行幸通りです（地図参照）。本気かもしれません。今は笑って話していますけど、そのうち笑ってすまされなくなって、その前に行ったら、お辞儀して入らなくてはならないようになるかもしれない、と思います。あのビルは一九七四年に東アジア反日武装戦線の人たちが三菱重工の戦争責任と戦後責任を問おうとして時限爆弾を仕掛けた、一般の人たちを巻き込んでしまって大変な事件になったところです。まもなくできる新庁舎ではどうするのでしょうか？

文科省仮庁舎（2004 年 1 月〜2008 年 3 月）

天皇制護持の歌「君が代」

「君が代」の歌は音楽の教科書（資料2・3）ではもちろん修身の教科書でもていねいに記述されていました。

これは、国民学校の初等科『修身二』で四年生用です（当時一年生は『ヨイ子ども』、二年生は『よい子ども』。『修身一』が三年生でした）。扉を開くと教育勅語（資料4）があり、第一課が「春から夏へ」という題ですが、神武天皇祭と天長節で、宮中の祭祀が書かれています。第二課が「君が代」で、三課が靖国神社、以下忠臣・孝子の記述が続きます。

第二課の「君が代」では皇居の写真があり、その下に

資料2 国民学校初等科『音楽 一』(小三)

資料3 国民学校『うたのほん 下』(小三)

教育ニ關スル勅語

朕惟フニ我カ皇祖皇宗國ヲ肇ムルコト宏遠ニ徳ヲ樹ツルコト
深厚ナリ我カ臣民克ク忠ニ克ク孝ニ億兆心ヲ一ニシテ世々厥
ノ美ヲ濟セルハ此レ我カ國體ノ精華ニシテ教育ノ淵源亦實ニ此
ニ存ス爾臣民父母ニ孝ニ兄弟ニ友ニ夫婦相和シ朋友相信シ恭
儉己レヲ持シ博愛衆ニ及ホシ學ヲ修メ業ヲ習ヒ以テ智能ヲ啓
發シ徳器ヲ成就シ進テ公益ヲ廣メ世務ヲ開キ常ニ國憲ヲ重シ
國法ニ遵ヒ一旦緩急アレハ義勇公ニ奉シ以テ天壤無窮ノ皇運
ヲ扶翼スヘシ是ノ如キハ獨リ朕カ忠良ノ臣民タルノミナラス
又以テ爾祖先ノ遺風ヲ顯彰スルニ足ラン斯ノ道ハ實ニ我カ皇
祖皇宗ノ遺訓ニシテ子孫臣民ノ倶ニ遵守スヘキ所之ヲ古今ニ
通シテ謬ラス之ヲ中外ニ施シテ悖ラス朕爾臣民ト倶ニ拳々服
膺シテ咸其徳ヲ一ニセンコトヲ庶幾フ

明治二十三年十月三十日

御名御璽

資料4 教育勅語

「君が代」の歌詞が書かれ、次ページの楠木正成の銅像の写真の上に「この歌は、『天皇陛下がお治めになる御代は千年も万年もつづいておさかえになりますやうに。』という意味で国民が心からおいはひ申し上げる歌であります。君が代の歌は、昔から私たちの先祖が皇室のみさかえをおいのりして歌ひ続けてきたもので、世々の国民の真心のとけこんだ歌であります。祝日や、おめでたい儀式には、私たちはこの歌を声高く歌ひます。姿勢をきちんと正しくして、おごそかに歌ふと、身も心も、ひきしまるやうな気持ちになります。戦地で、兵隊さんたちが、はるかに日本へ向かって、声をそろへて『君が代』を歌ふ時には、思はず、涙が日にやけたほほをぬらすといふことです。また、外国で『君が代』の歌が奏されることがあります。その時ぐらい、外国に行ってゐる日本人が、日本国民としてのほこりと、かぎりない喜びとを感じることはないといひます」と書かれています。（楠木正成の銅像は戦時中も献納されることなく、皇居前に現存しています。）

「君が代」が天皇の歌であることは間違いありませんが、昔から私たちの先祖が歌い続けてきたというのは間違いです。歌詞は『古今集』から採ったとしても、曲はフェントンのものを改作して林広守によって選曲され、今の形で初演されたのは一八八〇（明治十三）年で、一八八一年の小学唱歌集に載りました。しかし、これは教科書ではありませんでしたし、国民が挙って歌い出したわけではありません。私の祖父母は大変な歌好きでしたが、「君が代」を歌うのは聞いたことがありません。ちなみに祖父は一八四四（弘化元）年生まれ、祖母は一八五一（嘉永四）年生まれです。

「君が代」は明治の開国にともなう必要から作られ、天皇制教育の確立、戦争の推進に大きな役割を果たしてきたことから、戦後の民主国家には不適切で反対の声が多いなか、一九九九年に日章旗を国旗、「君が代」を国歌とする国旗国歌法が成立しました。私は法案審議に当たって開かれた衆議院内閣委員会中央公聴会で社民党推薦陳述人として「再び軍国少女をつくるな」と述べました。

戦後「君が代」の指導について学習指導要領に載るのは一九五八（昭和三十三）年の改訂です。初めて官報に告示され、「法的拘束力がある」と言われるようになったときです。それは教員に対する勤務評定に重ねて特設道徳と一緒にやってきました。それでも内容は、「儀式などを行う場合には、……国旗を掲揚し、『君が代』を齊唱させることが望ましい」でした。「日の丸」は国旗としていますが「君が代」といって「望ましい」としています。そのときの指導書は「君が代については、学校行事と関連して第一学年から全学年を通じて指導することが望ましいが、低学年は上級生について一応教える程度で高学年に進むに従って歌詞の内容を理解して歌うようにする」と、子どもの成長に合わせて指導することが書かれていましたが、一九七七年改訂では「君が代」を国歌扱いし、一九八九年改訂以後の学習指導要領は「入学式や卒業式などにおいては、その意義を踏まえ、国旗を掲揚するとともに、国歌を斉唱するよう指導するものとする」となりました。そして音楽の指導書は「国歌『君が代』は、各学年を通じ、児童の発達段階に即して指導すること」とした上で「日本国憲法の下においては、日本国憲法において天皇を日本国ならびに日本国民統合の象徴とする我が国がいつまでも繁栄するようにとの願いをこめた歌であることを理解できるようにする必要がある」と書いています。

天皇制護持の「君が代」を各学年で必ず教えなければならないということは、大変な問題です。音楽というのは本来「音楽」でなくてはならないわけで、それ以外の意味をもたせてはいけないと思うのですが、「君が代」は特別な意味をもたせた最も極端な歌です。

歌い継がれた「ひのまる」

「歌詞だけ変えて歌い継がれる戦争の歌」の最たるものが「日の丸」です。ご存じですよね、「白地に赤く……」というもの。一貫して、これは戦前から戦後、現在でも教科書に載り続けています。ここに挙げておきましたけれど、一九一一年から一九四〇年まで使用された国定教科書『尋常唱歌』（一年生用）には、一番古い形のものですが「白地に赤く、日の丸染めて、ああうつくしや、日本の旗は。朝日の昇る、勢見せて、ああ勇ましや、日本の旗は」と文語体です。併せて第三期国語教科書（六年生用）には「雪白の地に紅の日の丸をゑがける我が國の國旗は、最もよく我が國号にかなひ、皇威の発揚、國運の隆昌さながら旭日昇天の勢あるを思はしむ。更に思えば、白地は我が國民の純正潔白なる性質を示し、日の丸は熱烈燃ゆるが如き愛國の至誠を表すものともいふべきか」とあります。

この時期、私たち子どもは、絵にあるように、祝日・祭日には率先して、それぞれの家で日の丸を揚げていました。学校でそう教えていました。揚げ方は外から見て、門の左側に揚げると教えられました。

三年生の修身教科書に、式の日の模様があります（一一三頁参照）。これは、式の模様と同時に、当時の学校の様子が分かります。日本の学校の構造というのは、このごろは、少し変わった校舎もありますが、明治の昔から、あんまり変わっていませんよね。だいたい教室が南側に並び北側が廊下で、別棟に体育館兼講堂があって。一番大きく変わったと私が思うのは、体育館兼講堂のステージです。子どもたちが使うフロアはほとんど変わりませんが、ステージだけはどんどん立派になってきています。だんだん高くなってきて。たとえば幕が卒業生の寄付とか、しかも電気仕掛けになったり、学校の設備の中で、一番変わったのは体育館のステージだと思うのです。ステージが豪華になるということは、何か意味があります。第三期修身教科書（小三）を見るとただ幕があって、たぶんその中に御真影があったのでしょうが、今、いろいろなことで、子どもたちや教員に対して、そこで行われる卒業式・入学式のあり方で理不尽な強制が行われていますが、この絵のようにステージがなければ、かえって工夫や仕方も広くなると思います。昔はこんなものでした。

肝心の「日の丸」ですが、算術の比の問題を「日の丸」の縦と横、縦と丸の直径で学習したことを覚えています。第四期の国語の教科書には一年の始めに掲揚塔ではためく「日の丸」の絵に「ヒノマル　ノ　ハタ　バンザイ　バンザイ」（資料5）と添えられていますし、五年生には校庭の木と影の比を応用して国旗掲揚塔の高さを測る劇教材がありました。

このころからそれまであまりなかった各学校で国旗掲揚塔設置が進みます。朝礼や儀式の始めに、全員が注目するなか、「君が代」に合わせて「日の丸」が掲揚されることが日常化します。

そして国民学校になると、歌詞も

一　アヲゾラ　タカク　ヒノマル　アゲテ、アア、
ウツクシイ、ニホンノハタハ。
二　アサヒノ　ノボル　イキホヒ　ミセテ、アア、
イサマシイ、ニホンノ　ハタハ。（資料6）

と主旨は変わりませんが、空高く掲げることが歌われるとともに、口語体になりました。

戦後になっても、旗が変わることはありませんでしたが、旗をことほぐ歌は、歌詞の勢いや勇ましいのを除いて

資料5　第四期『小學國語読本　巻一』（小一）

資料6　第五期　国民学校『ウタノホン　上』

一　しろじに　あかく　ひのまる　そめて　ああ　う
つくしい　にほんの　はたは
二　あおぞら　たかく　ひのまる　あげて　ああ　う
つくしい　にほんの　はたは

と変え、一九四七年教科書に登場させました。一番も二番も「美しい」になりました。

　この「美しい」という言葉、曲者ですよね。今、盛んに安倍さんが言ってますが、六歳や七歳の子どもは日常的には使いません。「あ、きれいだ」とは言っても、「美しい」という言葉は、なんかちょっと改まった感じ。でもそれを「美しい、美しい」と、そう感じる前からせっせと歌わせるのです。教学聖旨ではありませんが、私たちが教育勅語を覚えたように脳髄に染み込んでいます。このごろの若者の中には日の丸のデザインがいいとか美しいとか言う人がいますが、たぶんこの歌の仕業だと思います。「日の丸」が美しいかどうかを考える前に、「美しい、美しい」と歌わされるのですから、日の丸というのは美しい、と思ってしまっても不思議じゃないと思うんです。しかもこの歌は一九一一年以来、時に応じて歌詞を変えながら小学一年生に教え続けてきました。しかも歌唱とともにハーモニカや鍵盤ハーモニカなどによる楽器の導入にも使われています。昔から「小学唱歌校門を出ず」と言われてきましたが、この歌に限って、一年生の子どもたちが覚えたばかりのリコーダーで「どどれれみみれ……」と吹きながら校門を出てくる場面にしばしば出会います。

侵略の歌「うみ」

次に「うみ」ですが、これは困った歌です。今も、教科書に載せなければならない一年生の共通教材ですから、どの社の教科書にも載っています。

一　うみは　ひろいな　おおきいな
　　つきが　のぼるし　ひが　しずむ
二　うみは　おおなみ　あおいなみ
　　ゆれて　どこまで　つづくやら
三　うみに　おふねを　うかばせて
　　いって　みたいな　よその　くに

という歌詞です。この歌について、故山住正巳さんは「……あの戦時体制下、このような穏やかな歌が国定教科書に掲載されたのか。それは、このような殺伐とした時代にも、なんとしてでも子どもに楽しい歌を提供しようとした人たちの努力の現われだと思う」と書いています（『子どもの歌を語る』岩波新書、一九九四年）が、そうでしょうか。

この歌が初めて教科書に登場するのは一九四一年、小学校が国民学校に改称されたときです。学校の在り方を大きく転換し皇民教育を徹底させようというもので、「唱歌」は芸能科音楽になりました。存命ならきちんと論争したいのですが、とても山住さんの言うようなことではありません。その一つの証拠が、同じく国民学校発足時に改訂された初等科『修身二』（四年生用）です。

「八　日本は海の國

日本は海の國です。海の恵みを受け、海にまもられてきた國です。

昔から海にしたしんで來た私たちの祖先（そせん）は、はてしもない大海原（おおうなばら）を乗りきって、遠く海外に出かけました。

今の日本は、海國日本の名のとほり、世界いたるところの海洋に、日の丸の旗をかかげて、國の光をかがやかしながら活動してゐます。

へさきに菊の御紋章を仰ぐ帝國軍艦は、み國のまもりもかたく、太平洋から印度（いんど）洋にかけて、その威力を張っています。

海國日本のほまれをあげるぶたいは、かぎりなく大きいのです。その廣いぶたいに日の丸の旗をささげて進むのが、私たちの尊いつとめです」

とあり、海に向かって手を振る子どもたちの絵と、海に浮かぶ軍艦の写真、そして太平洋の地図が添えられて海が日本の生命線であることを示しています。

ちなみにその『修身二』の十一には大東亜共栄圏進出のさきがけとして山田長政が登場しています。

「……シャムに渡ると、日本町の頭となり、海外ぼうえきの大立者となったばかりか、かの國の高位高官に任じられて、日本の武名を、南方の天地にとどろかしました。外國に行った日本人で、長政ほど高い地位にのぼり、日本人のために氣をはいた人は、ほかにないといってもよいでしょう」

と書き、初等科『音樂　二』の八にやはり山田長政と題して

一　黒潮寄せ来る大うな原も、
わたれば近し、シャムの國。
南へ、南へ、船行く、船行く。
山田長政　日本男子。

二　正義のいくさに力をそえて、
いさをは髙し、ナコン王。
南へ、南へ、國威はのび行く。
山田長政　日本男子。

と歌わせています。

これらのことから音楽が修身の手段である証とともに、当時の日本のスローガンが「南進日本」であったことが分かります。そんなことを考え合わせると、やはり侵略の歌です。少なくとも帝国海軍への誘導の歌です。

「汽車ポッポ」も「お山の杉の子」も戦争の歌

「汽車ポッポ」（作詞　富原薫）

汽車　汽車　ポッポ　ポッポ　シュッポ　シュッポ
シュッポッポ
僕らを乗せて　シュッポ　シュッポ　シュッポッポ
スピード　スピード　窓の外
畑も　とぶ　とぶ　家もとぶ
走れ　走れ　走れ　鉄橋だ　鉄橋だ　たのしいな

（＊二、三節略）

子どもは乗り物が好きです。最近は新しい乗り物が次々に現れ、煙を吐く汽車を見ることが少なくなり、この歌も教科書に載らなくなりました。しかし、旅に出て乗り物に乗った途端、この歌が口をついて出てくるという人がいます。夏休みに特別に仕立てられた煙を吐く汽車の中で、この歌の大合唱が起こることがあります。

　ところがこの歌を三節まで空で歌える人でも、この歌が元は「兵隊さんの汽車」であったことを知らない人がいます。みなさん、ご存じですか。

きしゃ　きしゃ　ポッポ　ポッポ　シュッポ　シュッポ　シュッポッポ
兵隊さんを乗せて　シュッポ　シュッポ　シュッポッポ
僕らも　手に手に　日の丸の　旗を振って　送りましょう
万歳　万歳　兵隊さん　兵隊さん　万々歳
（＊二、三節略）

というもので、兵隊さんを送る歌として一九四三年に作られて（作曲　草川信）、子どもたちに歌われました。それが作詞者によって汽車ポッポに変えられるのは一九四五年十二月です。

　それにしても兵隊さんを送る歌として作った歌詞を、いとも簡単に作り替えることができるのでしょうか。もしそうなら需要があれば、また兵隊さんを乗せるのでしょうか。今は兵隊さんも飛行機で移動します。こんどは兵隊さんの飛行機でしょうか。

　この歌については以前、栃木でお話ししたとき、鉄道労働者の方から兵器や兵隊を運ばないことをスローガンにしているということを言われた後、「戦争中はこんな替え歌があったのですか？」という発言がありました。戦後の歌詞がしっかり頭に入っているので、何度言っても元歌を替え歌だとおっしゃって閉口しました。歌は身に付くということを再認識しました。

遺児を励ます「お山の杉の子」

　六節まである長い歌ですが、これは全部見てもらわなくてはなりません。

「お山の杉の子」吉田テフ子
サトウ・ハチロー（補作）

一　昔々の　その昔　椎の木林の　すぐそばに
　小さな小山が　あったとさ　あったとさ

丸々坊主の　禿山は　いつでもみんなの　笑いもの
「これこれ杉の子　起きなさい」
お日さま　にこにこ　声かけた　声かけた

二　一　二　三　四　五　六　七　八日　九日　十日たち
にょっきり芽が出る　山の上　山の上
小さな杉の子顔出して　「はいはいお陽さま　今日は」
これを眺めた椎の木は
あっはのあっははと　大笑い　大笑い

三　「こんなチビ助　何になる」　びっくり仰天　杉の子は
思わずお首を　ひっこめた　ひっこめた
ひっこめながらも　考えた　「何の負けるか今に見ろ」
大きくなって　国のため
お役に立ってみせまする　みせまする

四　ラジオ体操一二三　子どもは元気にのびてゆく
昔々の禿山は　禿山は
今では立派な杉山だ　誉れの家の子のように
強く大きく　逞しく
椎の木見下ろす大杉だ　大杉だ

五　大きな杉は何になる　兵隊さんを運ぶ船
傷痍の勇士の寝るお家　寝るお家
本箱　お机　下駄　足駄　おいしいお弁当たべる箸
鉛筆　筆入れ　そのほかに
うれしやまだまだ役に立つ　役に立つ

六　さあさ負けるな杉の木に　勇士の遺児なら　なお強い
体を鍛え　頑張って　頑張って
今に立派な兵隊さん　忠義孝行ひとすじに
お日さま　出る国　神の国
この日本を護りましょう　護りましょう

今も気軽に歌われていますが、実はこの歌は一九四四年、少国民文化協会が戦争で父親を失った子どもたちを励ますために公募した企画に応じた作品の中から選ばれ、サトウ・ハチローが補作したもので、作詞の吉田テフ子さんは当時二四歳、元教員だそうです。

作られたのは太平洋戦争の敗色が濃く見えてきた時期です。明るい調子が受けて多くの人に歓迎され盛んに歌われました。しかし考えてみれば「勇士の遺児ならなお強い」と歌われる遺児に思いを致すと切なくなります。

世を挙げて「代用品時代」、すでに鋼材は払底していました。今は困った存在になっていますが、成長の速い杉の木の栽培が奨励されていましたので、杉材の利用が無限にあるように歌われ、遺児を励ますことと合わせて二重に国策に沿った歌と言わなければなりません。一九四三年には木造船建造緊急方策要綱が閣議決定され、杉材の供出も強要されていました。その状況下、軍の指導者が「木造船は鉄鋼船に勝る」と言ったという記録があります。木造船は敵の探知器に触れないから戦略上非常に有効であるというのです。乗る人の身になってみれば、こんな負け惜しみは言えるはずはありません。

戦後になっても歌い続けるなか、三節の「国のため」を「皆のため」にしたほか、四、五、六節を次のように改めました。

四　ラジオ体操ほがらかに　子どもは元気にのびてゆく
昔々の禿山は　禿山は
今では立派な杉山だ　誰でも感心するような
強く　大きく　逞しく
椎の木見下ろす大杉だ　大杉だ

五　大きな杉は何になる　お船の帆柱　梯子段
とんとん大工さん　たてる家　たてる家
本箱　お机　下駄　足駄　おいしいお弁当たべる箸
鉛筆　筆入れ　そのほかに
たのしやまだまだ役に立つ　役に立つ

六　さあさ負けるな杉の木に　すくすくのびろよみなのびろ
スポーツわすれず　頑張って　頑張って
すべてに立派な人となり　正しい生活ひとすじに
明るい　楽しい　このお国
わが日本をつくりましょう　つくりましょう

歌い続けるため、障りのある所を除いてこのように変えたところで歌の主旨は変わらず、「少国民」づくりです。あまりに教訓的で気恥ずかしいのでしょう。四節以降はほとんど歌われていませんが。

国の護り歌「われは海の子」

こう見てきますと、歌詞だけを少し変えたり問題の節を削除する形で歌い続けられている戦争の歌はたくさんあります。「村祭り」とか「村の鍛冶屋」も時代に翻弄されましたが、最たるものが「われは海の子」です。今、共通教材として小学六年の教科書に載っていますが、いったん除かれていました。復活したのは一九八九年の指導要領改訂です。この歌が作られたのは一九一〇年ですが、日露戦争に勝って、韓国を併合した年です。一九八九年改訂から、学習指導要領は小学校六年社会科の近現代史のところで、日本は天皇を中心に日清・日露の戦争を戦って今日の繁栄の基礎を築いたと、日清・日露の戦争を高く評価するようになりました。当然小村寿太郎も東郷平八郎も出てきて、それに対応して補強するため音楽に「われは海の子」が復活するわけです。教科書といえば主に社会科が焦点になりますが、子どもが囲まれているすべての教科に目配りが必要です。このときの改訂反対運動は「与謝野晶子がなくなって東郷平八郎が出てくる」に象徴されました。私たちは「『われは海の子』を載せるなら七節まで載せろ、そうすれば正体が分かるから」と加えました。指導要領案が告示されたとき、予想されたとおり歌詞は三節までになりました。

歌詞を見ると、「われは海の子」は一節・二節・三節と海に親しんで育ちます。四節・五節と逞しくなっていきます。このあたりで見当は付くのですが六節になると明らかになってきます。

「波にただよう氷山も、来らば来れ、恐れんや」。氷山は北から来ます。勝ったものの日露戦争は非常に不安的な終わり方をしています。北の護りは疎かにできません。「海まき上ぐるたつまきも起こらば起これ、驚かじ」。竜巻、台風は南の海で起こります。国の命運をかけた「南進日本」が合い言葉でした。もう、海に囲まれた日本の子どもが何のために海に親しみ、体を鍛えておかなければならないかお分かりですよね。七節は「いで大船を乗出して、我は拾わん海の富」。今は二〇〇海里の排他的経済水域がありますけれど、かつて日本の船が海の資源を荒らして顰蹙をかったことがあります。最後の行は「いで軍艦に乗り組みて、我は護らん、海の国」です。全く皇国日本の海の護りの歌です。それを途中までしか歌わないからと言って、歌の主旨が変わるわけではありません。いずれ〝歌詞は三節まで〟が消えるかもしれません。

防人を送り出す妻の歌「蛍の光」

一　ほたるのひかり、まどのゆき。書(ふみ)よむつき日かさねつゝ。
いつしか年も、すぎのとを。あけてぞ　けさは、わかれゆく。

二　とまるもゆくも、かぎりとて、かたみにおもふ、ちよろずの、
こころのはしを、ひとことに、さきくとばかり、うたうなり。

三　つくしのきわみ、みちのおく、うみやまとほく、へだつとも、
そのまごころは、へだてなく、ひとつにつくせ、くにのため。

四　千島のおくも、おきなはも、やしまのうちの、まもりなり。
いたらんくにに、いさをしく。つとめよ　わがせつゝがなく。

原曲はスコットランド民謡の「久しき昔」であることがよく知られている「蛍の光」です。いろいろ曲折があったようですが、一八八一（明治十四）年、『小学唱歌集』（まだ国定ではありません）に、この四節の形で登場しています。

戦後一貫して共通教材になったことはないのですが、最近すべての小学校五年と中学二年の音楽教科書に載っています。かつて「なぜ載せるのか」と教科書会社に抗議しましたが、挙って「現場からの要求があるから」ということでした。現場から要求があるということは、「蛍の光」が必要な卒業式が多くなっていることだと思います。

教科書には一・二節しか載っていませんし、歌われて

いるのも一・二節です。しかし三・四節も含めて一つの歌であったのですから素直に歌うわけにはいきません。三節は、九州のはて、東北地方の奥など、遠く離れていても真心には隔てなくと、尽忠報国を命じています。四節に至っては「いさをしく　つとめよわがせ　つゝがなく」です。言うまでもなくけなげに防人を送り出す妻の歌ではありませんか。

そして、この歌詞が作られたのが琉球処分の次の次の年であることを考えると、千島と共に沖縄を含めた国のまとまりが意図されています。さらに、戦時中私たちは「千島」と「沖縄」のところを「樺太の奥も台湾も」と歌いました。当時、樺太も台湾も日本の領土でした。こうなるともう侵略の歌ですね。その後の世代では「アリューシャンの奥もサイパンも」歌ったという記録があります。

このようなことを考え合わせると、卒業式には歌うべきではありません。沖縄ではなおさらです。それでも歌うなら、侵略に赴く人を送り出す歌であることを承知してからでなければなりません。

こう見ていくと、主旨が戦争遂行の歌であるにもかかわらず、直接戦争にかかわる文言だけに墨を塗って、たくさんの歌が今も歌われているのはとても問題だと思います。

「音楽は軍需品なり」と言った軍人がいました。「絵画は軍需品だ」と言った人もいました。歌や絵は人の心をそそのかすのにとても役に立ちます。私は、ハタとウタにそそのかされて軍国少女に育ちました。本来「音楽」は人の心を豊かにし、人の心をいやすものです。他の目的をもたせるべきではないと思っていますが、それが心に響き、身に付くものであるだけに、洋の東西を問わず特定思想の鼓舞につかわれてきました。プロパガンダとして用いられるとき、もうそれは音楽でも芸術でもないと思います。戦前の唱歌という言葉はその役割を的確に表していますし、私たち世代こそ、それを一身に受けた不幸な世代です。

歌は身に付くということですが、少し古いですけど去年（二〇〇六年）の七月二十一日発売の『週刊金曜日』に、鎌田慧さんの「痛恨の現場を歩く」というシリーズの一つで、高千穂鉄道がＪＲに見捨てられて、困っている現場の取材記事がありました。宮崎県の山の奥に入って行って、鉄道線路が破壊されているところで、「それでも、空気の爽やかな高原の町で、わたしはここにきて、『雲にそびえる高千穂の』という歌詞が突如として口をついて出てきたので、驚かされた。どうも幼稚園児のとき、『紀元節』で歌わされたもののようだ」。鎌田さんは一九三八年生まれですから、一九四五年小学校入学、もう「紀元節」はありませんからぎりぎり幼稚園のときです。幼稚園のときに「雲にそびえる高千穂の」なんていう難しい歌詞を、丁寧には教わってはいないのでしょうけど、口をついて出てくるのです。やっぱり、身に付いているんですよ。

　私も先年、札幌の街で雪に遭ったとき、思わず「雪の進軍　氷を踏んで」と軍歌「雪の進軍」が口をついて出てきて驚いたことがあります。暖かいところで育ったので少々の雪も吹雪と感じます。こんな雪に負けるものかという思いとしてです。

　身に付いているということは、とても恐ろしいことだと思うんですね。身に付かなくていいと思うことが身に付いてしまって、今でも困っているんですけど。

　そういう意味では、後からお話ししてもらいますが（六二頁参照）、山梨県立日川高校の校歌に「すめらみことのみこともち」という、要するに教育勅語を拳拳服膺（けんけんふくよう）してという意の歌詞を含む戦前に作られた校歌が、学制も校名も変わった今も歌い継がれていて、裁判になっている事件があります。これは文部省の定めた「祝日大祭唱歌」の一つ「勅語奉答」（資料7）で儀式のたびに歌われてきた経緯があり、伝統のある学校では同様に校歌に使われてきたものです。特別に右翼的愛国心に凝り固ま

勅語奉答

あやにかしこき　すめらぎの、
あやにたふとき　すめらぎの、
あやにたふとく、かしこくも、
下したまへり、大みこと。
これぞめでたき　日の本の
國の教の　もとゐなる。
これぞめでたき　日の本の
人の教の　かがみなる。
あやにかしこき　すめらぎの
みことのままに　いそしみて、
あやにたふとき　すめらぎの
大御心に　答へまつらん。

資料7　国民学校初等科『音楽　一』（小三）

った人たちがその歌を歌い続けようという強烈な意志ではなくて、身に付いてしまったものを、これが校歌だと歌い続けておられるようです。これって非常に難しいですよね。強烈な意志だったら、それは間違いだ、と言えるわけですが、自然に、肝ではなく、お腹の底に入ってしまっているというものを、それは間違いだ、というのは難しいです。それほど身に付くことの恐ろしさを考えています。どうしたら、それを取り除けるか、分かりませんけれど。それだけに、使い甲斐があるということで、今「音楽」あるいは「歌」が大事にされていると思います。どこかでちゃんとしておかなくてはいけないと思うんです。

　今、教育の中では「音楽」と言われていますが、戦前は「唱歌」でした。これは決定的に違うんですよね。「唱歌」は、すなわち「唱える歌」、唱えながら覚える、唱えながら染み込ませていく、というものだったわけで、歌詞がとても大事になってくるのですね。歌いながら覚えていく。そして覚えてしまったものは、忘れないだけではなくて、だんだん染みていって身に付いてしまっているわけですね。今は一応「音楽」ということで、鑑賞教材もあれば器楽の教材もあり、表現という形で昔の唱歌のようなものがあるわけですが、それはあくまでも「表現」であって、充実して非常に豊かなものになっているはずなんです。はずなんですけど、相変わらず唱歌的です。しかも、この間の文化庁の発表の公募の中から選んだ「親子で歌いつごう日本の歌百選」（二〇〇七年一月十四日）も、昔を懐かしむ庶民の感情に乗じて、やっぱり唱歌的な効果を狙ってのことだと思います。唱歌だったからこそ、修身の手段だったのです。

　国定教科書には同じ人物や事件が、音楽と修身、唱歌と修身、唱歌と国語、というように、くり返しくり返し、教材として出てきました。たとえば第三期では『唱歌二』に「二宮金次郎」がありました。「柴刈り縄なひ草鞋をつくり……手本は二宮金次郎」というこの歌、調子がよくお手玉遊びにも使いました。今、楽譜を見てもそんな印はないのですが「て、ほ、ん、は、に、の、み、や、……」スタッカートをつけて。それが『修身三』で「第三課　かうかう」と題して「二宮金次郎は、家が大そうびんぼふであったので、小さい時から、父母の手だすけをしました。……」と出てきました。

『修身二』には、「十六　チユウギ」として「カイグンチユウサ廣瀬（ヒロセ）武夫（タケオ）ハ　リヨジユンノミナトヲフサグタメ……杉野（スギノ）ヘイソウチヤウガ　キマセンカラ　三ドモフネノナカヲタヅネマハリマシタ。イヨイヨキナイノデ、タンテイニノリウツツテカヘリカケタトキ、チユウサハ　タイホウノタマニアタツテ　リツパナセンシヲトゲマシタ」とあり、『唱歌　四』に「廣瀬中佐」があって「……闇を貫く中佐の叫び。杉野は何処、杉野は居ずや。……軍神廣瀬と其の名残れど」と歌いました。だから、ちんちん電車（市電→都電）が銅像のある万世橋にさしかかったとき、車掌さんの合図に従って素直にお辞儀したものです。

こう挙げていくと、いくらでもあります。「乃木大将」とか、歴史が歌いこまれた「鎌倉」など様々です。唱歌というのは、そのようにして、子どもたちの身に染み込ませていきました。

唱歌が修身の手段であったように、今まさに、『心のノート』道徳の中身と音楽が一体化しているところに、私は大変危機感をもっているわけです。まさに、愛国心の手段に使われる、と。桜や海や、富士山がしきりに出てきます。ほぼ、教材としては、昔と同じようなものが出揃ってきました。音楽の教科書が別にきれいで悪いというわけではないのですが、こんなに、写真集だか、音楽の教科書だか分からないような絵ばっかりある必要はないと思うのですが、非常に『心のノート』と同じようなスタイルになってきています。どの社の教科書を見ていただいても、同じです。

共通教材を見て頂くと、なおよく分かるのではないかと思います。「共通教材一覧」（資料８）というのをご覧ください。一九五八年から、六八年、七七年、そして現在のものです。

「日のまる」「さくらさくら」「春の小川」（資料９）「春がきた」「もみじ」「子守り歌」「冬げしき」「おぼろ月夜」「ふるさと」はほぼ変わりなく並んでいます。音楽の教科書が国定になったのは、他の教科書より遅れて一九一一（明治四十四）年でした。こうしてみると共通教材のほとんどがそのときに作られ、または採用された歌ですよね。明治の昔に、天皇制中心の国家として成立していこうという時期に必要だと思われて作られた教材がそのままここに使われているわけですね。

資料8　小学校音楽　歌唱　共通教材一覧

※2008年告示も同じ

	58年告示	67年改訂	77年改訂	89年改訂（現行）
一年	日のまる かたつむり 月	日のまる かたつむり 月	日のまる うみ ひらいたひらいた	日のまる（1911） うみ（1941） かたつむり（1911） ひらいたひらいた（1997）
二年	さくらさくら 春がきた 雪	さくらさくら 春がきた 雪	夕やけこやけ 春がきた かくれんぼ	夕やけこやけ（1941） 春がきた（1911） かくれんぼ（1941） 虫のこえ（1911）
三年	春の小川 もみじ 汽車	春の小川 もみじ 村まつり	春の小川 もみじ ふじ山	春の小川（1921） うさぎ（1941） ふじ山（1911） 茶つみ（1912）
四年	子守歌 村のかじや 赤とんぼ	子守歌 村のかじや 茶つみ	さくらさくら もみじ とんび	さくらさくら（1941） もみじ（1911） とんび（1977） まきばの朝（1932）
五年	こいのぼり 海（松原遠く） 冬げしき	こいのぼり 海 冬げしき	子もり歌 スキーの歌 冬げしき	こいのぼり（1913） 子もり歌（1958） 冬げしき（1911） スキーの歌（1932）
六年	おぼろ月夜 ふるさと われは海の子	おぼろ月夜 ふるさと われは海の子	おぼろ月夜 ふるさと かりがわたる	おぼろ月夜（1914） ふるさと（1914） われは海の子（1911） 越天楽（1989）

*現行共通教材の右の数字はその歌がはじめて国定教科書（戦後は検定教科書）に載った年です。変遷は戦争と深くかかわっています。

*1911年、唱歌教科書が国定になった。

*1932年、上海事変、滿洲国建国

*1941年、国民学校発足

*1958年、指導要領「儀式などを行う場合には、国旗を掲揚し、『君が代』を斉唱させることが望ましい」を含め官報に告示。

*1977年、学習指導要領が「君が代」を国歌扱いにした。

*1989年、指導要領「国旗を掲揚するとともに、国歌を斉唱するよう指導するものとする」とした。

資料９　国民学校初等科『音楽　一』（小三）

一九四七年から一九五八年までは、学習指導要領は試案でしたので、文部省が作って「これを参考にしなさい」というもので、強制力はありませんでした。一九五八年から告示されて、法的拘束力があるとされ、一九五八年以後については、必ず指導すべきとして歌唱・鑑賞教材を三曲共通教材として指定してきました。（鑑賞については一九九八年改訂から曲名を指定していません。）

現在の「共通教材」は、四曲あり、四曲のうち三曲は必ず入れるよう幅を持たせて指示していますが、実際には、この四曲ともすべての教科書に載っています。ですから、共通教材が「増えた」と言っていいと思います。三曲と言いながら、実は四曲を指定していることになっているわけです。見てみますと、戦前に作られた文部省唱歌の多くが共通教材として取り上げられているわけです。それを教育課程審議会は「日本のよき音楽文化を世代を超えて歌い継ぐようにするため、長い間多くの人々に親しまれてきた文部省唱歌や、各学年の指導内容として適切なものの中から選択して、これを示すこととする」（一九九八年）と述べています。文部省唱歌というのは、法的に何か決まりがあるわけではなくて、大まかに言って、文部省が編集したものを言っているわけです。その時期というのは、著作権の問題がありませんで、誰が作ったのかが、分かるものもありますけど、明らかにしないまま、文部省が徳育方針にあわせて適当にいじくりまわして、歌詞を変えながら作り上げているものもあります。

一九三二年に新しく「まきばの朝」とか「スキーの歌」とかが入っています。露骨に軍国主義を示してはいませんが、牧畜などというものに目を向ける必要が出てくるんですね。それから「スキーの歌」。これは古いほうの歌です。「スキー」というのはもう一つありますよね、「山はしろがね」というのが。スキーは、やはり北の守りとして必要なわけです。当時の日本の国の守りといえば、北です。日本のスキーは、軍隊から始まってますよね。今でも自衛隊にありますね、スキー部隊が。写真で見ただけですが、真っ白の制服で「格好いい」ですね。やっぱり、雪の中での「迷彩服」なのでしょうね。もともとあった古い歌が、三二年に採用されているわけです。三二年というのは、上海事変があり、傀儡国家満洲国をつくった年です。北の守りが重要なわけで、スキーは必要です。

それから一九四一年、先にお話しした「うみ」はこのときに作られて教科書に載ります。これは国民学校発足のときですから当然のことでしょうが、同時に「かくれんぼ」とか「うさぎ」とか、わりと日本の遊び歌的なものが入ってきます。やはり国民的なまとまりを考えてのことでしょう。七七年、このときはまだ「国旗国歌法」が制定されていませんが、指導要領だけが「君が代」を国歌扱いし始めた年です。「とんび」やわらべうた「ひらいたひらいた」を入れています。八九年に指導要領が「国旗・国歌」を指導するものとした、そのときに、これは「君が代」との関係でしょうが「越天楽」を日本古謡として入れているわけです。というように、日本が強調されてきています。

音楽というものは、なにものの手段にもならない、ということを基盤にしなければならないと思っていますが、そうでなくなりつつあります。戦後、唱える歌からようやく解放されたのに、また道徳の手段になっていくことに危機を感じています。

第二回「音楽　歌い継がれる戦争の歌」感想

人々の統合のために使われる「歌」の胡散臭さ

志田早苗（「日の丸・君が代」の法制化と強制に反対する神奈川の会）

以前仕事でタイに数カ月滞在したとき、タイ語を覚えるより先にタイの国歌を覚えてしまった。タイでは毎日朝夕二回、テレビやラジオ、また公共の場で国歌が流される。テレビでは、国歌とともにタイの美しい田園風景と国王の姿、そして勇壮な軍隊の行進と戦車に戦闘機、といったイメージが次々に映し出される。滞在中に数回見ただけなのに、私の頭の中にはしっかりこのイメージとメロディが刷り込まれてしまった。帰国してもう何年も経つのに、今でも諳んじることができる。改めて、音楽のもつ影響力のすごさを知った忘れられない経験である。

どこの国でも、国民（民族）統合の手段の一つとして、旗と歌が使われてきた歴史がある。「君が代」が天皇賛美の歌であるからイヤだ、ということだけではなく、私にとっては、どんな「国歌」も必要ない。歌によって、一つのものに取り込もうという発想がたまらなく嫌なのだ。自分が好きなときに、好きなように歌えるものでなくては、もはやそれは音楽ではない、と思う。

それにしても「国歌」のように特別な意味をもたされた歌とは別に、一見、純粋な「子ども向けの歌」という顔をしているが、実は戦前に国威発揚のために作られ、なおかつ戦後も歌い継がれてきた歌のなんと多いことか。それも、歌詞の一部を変えて戦争の臭いを消す、という姑息な手段まで使って子どもたちに歌わせ続けてきた。この狡猾さには、まったくオドロキだ。学校の音楽の授業で習ってきた歌の多くは、こんな歴史を背負っていたのか。侵略戦争の反省のかけらもなく、未だに、子どもたちに「教えなくてはいけない」歌として教科書に載せられている。これは、ひどすぎる。さらには、文化庁と日本ＰＴＡ全国協議会が主催して公募した「親子で歌いつごう日本の歌百選」（二〇〇六年十二月十五日の選考委員会で決定）の中にもこれらの歌はたくさん入っており、「今なお広く親しまれている」というお墨付きまで与えられている。いったい、日本人は、いつまでこんなものを引きずっていってしまうのだろうか。

北村さんのおっしゃるように、日本の音楽教育が、本来の音楽教育ではなく、道徳的な教育（〝徳性の涵養情操の陶冶を目的〟とした「唱歌」という教科として始まる）であったことは、やはり非常に不幸なことであったと思う。

国語学者の金田一春彦によると、「『唱歌』という言葉は、きわめて日本的な言葉」であり、「英語では『歌』を表すソングの他に『唱歌』に相当する単語はない」（「唱歌とは」、講談社文庫『日本の唱歌』より）そうだ。「原則として何かを教えようとする意図が強い」これらの唱歌は、「日本人同士の連帯感を養う大きな原動力」（安西愛子「唱歌をたたえる」、同書より）となってきた。

この、怪しげな「連帯感」の押しつけも、私には受け入れがたい。以前、海外旅行先の観光地で、「日本の歌」で出迎えられたことがあった。たしか「さくら」のような文部省唱歌だったと思う。年配の日本人観光客などは、ここで顔を和ませた人が多かったが、私にはどうにも居心地の悪いひとときになった。わざわざ日本を出てきているときに、ここまできて「日本」という鋳型にはめ込まないでくれ、と思った。

複数の人々の心を一つにしよう、と意図されたときに使われる歌は、やはり曲者だと思う。純粋に、何の支配も受けずに音楽を楽しもうではないか。そして、胡散臭いものを嗅ぎわける鋭い感性をもち続けたい。

今の状況を見ると、自らが「歌に唆された」経験をもつ北村さんの「戦争のために使われた歌を、また戦争のためにだけには使ってほしくない」という訴えが、改めて重く感じられる。でも同時に、北村さんは、戦争中、人々が自然に「替え歌」を作り、それなりの抵抗を示していた、ということも紹介してくれた。「きわどいところで、抵抗の姿勢をどう見せるか、示すか、どうつくっていくか」を、限りなくしなやかに考えていけたら、と思う。

山梨県立日川高校生は今も校歌で「天皇の勅」と歌わせられ続けている

佐野公保（「天皇の勅」校歌訴訟原告、教員）

北村さんの連続学習会第二回は、「音楽　歌い継がれる戦争の歌」をテーマに、「戦前……唱歌は修身の手段であった」「いま……音楽は道徳（愛国心）の手段である」として語られた。

まさしく音楽は人を唆し、「軍需品」として大きな「戦果」を上げた。つまりは、多くの戦争の加害者、そして被害者をつくるのに役立ったのである。学校で歌わせられたのはもちろん唱歌だけではない。その一つが校歌である。今でも何かというと「伝統ある」などと言って変えることへの抵抗は多いが、そのくせ「戦意昂揚のために」などとご都合主義で勝手に変えたりする。戦時中にはほとんどの校歌はそのようにされていたのではないか。山梨県立日川高校、当時の日川中学の校歌もそのような校歌であった。特に三番の歌詞は、「質実剛毅の魂を／染めたる旗を打ち振りて／天皇(すめらみこと)の勅(みこと)もち／勲(いさお)したてむ時ぞ今」と歌わせており、まさに当時の生徒を戦争に唆し、何人もの軍人も輩出させ、戦争を遂行させ、多くの「戦果」も上げさせたのだ。

そうした校歌は、戦後ほとんどが、それは見境なくではなく、民主主義の原理からして、日本国憲法に基づき新しく作られたり、変えられたりした。

二〇〇四年亡くなったノンフィクション作家・本田靖春は死ぬ間際まで書き続けたと言われる『我、拗ね者として生涯を閉ず』（講談社）の中で、敗戦時に在学した都立千歳高校の校歌が、「校歌はこのままでよいのか」の問題提起から、最終的に三番「赤く清く　誠ひとすじ／友垣を　かたく結びて／身と心　きたえし修めむ／大君の　しこの御楯と」の削除で決着がつけられたことを書いている。「生徒たちにはいっそ校歌を変えてしまおうという意見が強かったなかで、学校側は辛うじて面目を保った恰好だが、純然たる思想の対決に敗れたのだから、権威は完全に失墜した。絵空事でない民主主義を学んだ」と言っている。（それにしても、どちらの校歌も同じような歌であることがよく分かる。）

戦後の民主主義の出発において確かにそれを学ぶ機会になり得るテーマであったはずなのだが、日川高校では、もちろんそうした動きはあったのだが、逆にそれを変えさせまいとする力のほうが強かったということのようだ。結果として、どう考えても日本国憲法の規定に反するのだが、全く変えられることなく歌い続けられてきてしまったのである。しかもそれは、戦前さながらの生徒会応援団が暗闇の中でたたき込むというマインドコントロールとしてそのまま続けられてしまったのであった。

戦後六〇年になろうとする二〇〇四年、その何年も前からのシンポジウムなどでの卒業生らの訴え、そして県民としての監査請求を経て、とうとう日川高校「天皇の勅」校歌損害賠償請求として裁判で争われることになった。

そもそも山梨県監査委員が「憲法判断は司法に属する」と言って判断を逃げたのを受けたはずなのに、一審甲府地裁は、その憲法に関わる判断、「天皇の勅」の判断をするのが怖かったのであろう、逃げに逃げてその判断には触れないまま請求を棄却した。控訴審東京高裁には、北村さんの「歌は軍需品とされた」という意見書（資料参照）や、在職中に校歌を変えようとして圧力を受け、できなかった元日川高校校長の模擬証人尋問のテープの提出なども行い、「天皇の勅」校歌が「日本国憲法」にてらしてどうなのかの判断を求めた。

二〇〇六年五月十七日、東京高裁の判決は、損害賠償の請求については一審と同様に認めなかったが、「天皇の勅」校歌について、歌詞の内容は「国民主権、象徴天皇制を基本原理の一つとする憲法の精神に沿うかについては異論があり得る」「教育課程に取り入れるかについては十分な議論が必要」との判断を示した。

私たちはこの判断に一定の評価をし、上告はせずに判決は確定したのだが、実際には日川高校の校歌はその内容も扱いも何ら変えられていない。

裁判の中でも、戦後の教育は日本国憲法、教育基本法に基づき、そして国会決議によって天皇の勅=教育勅語は失効排除されたのだと主張したのだが、しかし、その教育基本法は、今や変えられてしまっている。まるで、校歌の中で「天皇の勅」が堂々と歌われるような状況になりかねない。

一方で新自由主義を席捲させて人々をバラバラにしたうえで支配をしようと、今また「唱歌」を歌わせては心に入り込もうとしている。校歌や「君が代」でますます心を支配しようとしている。

現在、我々は真正面から日川高校校長に、この憲法判断を受け、議論をして日本国憲法に沿うようにすることを求めている。被害を受けているのは子どもたちである。「生徒は歌詞の意味を意識していない。単なるフレーズとして歌っているんです」（校長談）などとして歌わせ続けてはならない。

資料

平成十七年（行コ）第232号　日川高校「天皇の勅」校歌損害賠償請求控訴事件

意　見　書

東京都大田区仲六郷一-六-二三-九〇四
北　村　小　夜

二〇〇六年二月二十五日

1．はじめに
歌は、人々の心を癒し人々の暮らしを豊かにします。が、時としてプロパガンダとして用いられ、旗とともに人の心を唆します。

まさに日川高校の校歌は制作の時期からの天皇制教育普及の意図を持って作成されたものと思われます。

私は旗と歌に唆されて軍国少女に育ち、親より教師より熱心に戦争をしました。戦後は天皇・国家のために費やした青春を取り戻そうと生きてきましたが、まだ果たせていません。日川高校の校歌の「天皇の勅」を失効させることは、私の青春を取り戻す過程でもあります。

2．軍国少女

一九二五年十一月二十一日、軍都といわれた福岡県久留米市で生れました。小学校入学直前、爆弾三勇士を称える旗行列に参加し、日の丸の旗の波に魅せられました。一九三二年四月、久留米市立南薫尋常小学校に入学しました。その学校には奉安殿と並んで「史跡・明治天皇行在所跡」なる建物がありました。一九一一年、久留米地方陸軍大演習の際立ち寄ったところです。たまたま通り道にあり、できたばかりの校舎が新しかったからでしょうか。関係者は大変名誉な事として校歌にも詠み込まれていました。いつの間にか私は他の学校の子より忠義な子にならなければと思うようになっていました。小学校二年の暮れ、明仁が誕生しました。お祝いの会で北原白秋作詞の「皇太子様お生れなった」という歌のレコードにあわせて日の丸の旗を振って踊りを踊りました。

以来軍国少女まっしぐら。出征兵士の見送り、英霊の出迎え、そして慰問文、鬼畜米英のポスターを描きつづけました。婦徳の涵養を目的にした女学校を卒業する頃「この世で会えなかったら靖国で会いましょう」と誓って、親しくしていた男性の友人が志願して海軍予備学生になりました。私は女でも靖国に行けるところを探し、日本赤十字の救護看護婦養成所を経て中国にあった陸軍病院に派遣され、戦争と軍隊の実態も見、敗戦を迎え、一年間八路軍と行動を共にし、一九四六年暮れ、復員しました。

ここで戦争の愚かさに気づき、教育の責任を感じ、改めて教師の道を選びました。一九九九年、国旗・国歌法制定にあたっては、衆議院で「再び軍国少女をつくるな」と題して反対の公述をしました。

3．歌の責任

戦前・戦中、修身は首位教科でした。すなわち全ての教科が修身的で忠君愛国を目指していました。

そして音楽は修身の手段でした。

たとえば唱歌（当時はそう呼びました）で調子よく「柴刈縄ない草鞋を作り……」と歌わせておいて、修身で「二宮金次郎がどんなに親孝行であったか」を教えました。忠義の手本として修身で広瀬武夫の武勇より部下への思いやりを教えておいて「轟く砲音飛び来る弾丸」と歌い称えるのです。

日川高校（旧日川中学　その前身は山梨県第二中学）の校歌が作られた時期は教育勅語による天皇制教育が確立する時期で、明治政府・文部省はすでに、祝日・大祭日儀式規定をつくり儀式と歌を結びつけ、「主トシテ尊皇愛国ノ志気ヲ振起スルニ足ルヘキ」祝日大祭日唱歌として、君が代、勅語奉答、一月一日、天始祭、紀元節、神嘗祭、天長節、等を発表（一八九三・八官報）していました。これを普及する媒体は小学生・中学生でした。これらの式には、たいてい校歌も加えられました。「旧日川中学」でも同様であった筈です。

音楽が一つの目的の手段になった時、芸術ではなくなります。日本の教育の中で音楽が国民教化の具であったことは音楽文化にとって大変不幸なことです。

一緒に歌ってきた式歌が追放されたにもかかわらず、なぜこの校歌は温存されたのでしょうか。多くの学校では戦後の教育課程の改訂を機に校歌を作り替えています。特に「旧日川中学、山梨県第二中学」の伝統を引くとは言え、学制が変わり新制の日川高校になったのです。なお衆・参両院で教育勅語の排除・失効を確認した好機でもあった筈です。

日川高校は密かに天皇制教育の復活を目指して隠忍自重この日を待ってこの校歌を守ってきたのではなく、当たり前のように歌い続けられてきたことに恐ろしさを感じます。

4．歌の力

歌は歌っていると身に付いてしまいます。

今は変わっていますが、公害で有名になった四日市の塩浜小学校の旧校歌は

港のほとりにならび立つ　科学に誇る工場は
平和を護る日本の　希望の希望の光です
塩浜小　塩浜小　塩浜小　僕たちは　明日を築きます

というものでした。学校の研究テーマは「公害に負けない体力づくり」でした。公害がひどくなり内外から批判を受けるなか、卒業式を前に作詞者から歌詞の変更が申し出られたのですが、校内から歌い慣れた歌詞がいいという声が出てそのまま歌われたことがあります。

私自身もすでに払拭した筈で言葉では決して言わない歌詞が生活の中でふと口をついて出てきて、身に付いた歌のその力に驚くことがあります。

戦争中、音楽は戦意高揚のためにのみ用いられました。情報局の平出英夫海軍大佐は音楽関係者を集めて「……音楽が軍需品であるという所以はそこにあるのであります。思うところに導く力をもっている音楽によって動きもすれば、ひしがれむとする国民の気持ちを湧き立たせ、動揺せんとする気持ちを不動な構えに持ち直し持続させる。そこに音楽の強い力があるという風に私は思うのであります」と、一九四一年七月二十八日「高度国防国家建設と音楽の効用」と題して講演しています。このことは、一段とエスカレートしていますが、質的には明治政府の祝日・大祭日唱歌制定の趣旨と変わりありません。

5．日川高校の校歌について

日川高校で、「天皇の勅もち」と、すでに失効した「教育勅語」が校歌の内容として歌い続けられることは、明らかに違法違憲であるのみならず、生徒の学問の自由を侵すことになると思います。

公立の学校の校歌の多くは、学校の環境と期待する人間像が謳い込まれ、校風の継承、学校集団への所属感、連帯感などを育成する教育的意義をもつといわれています。校歌については特別な規定はありませんが、生徒会活動や学校行事など特別活動に用いられるのですから、教育課程から自由ではあり得ないと思います。

一九八九年学習指導要領改訂以来、戦前と同様に、道徳教育の目標が各教科の上に示されるようになりました。同時に音楽科が道徳的（愛国的）になってきました。再び音楽の姿ではなく、一面のみが政策に利用されようとしています。

このままでは日川高校の校歌がその役割を果たします。一刻も早い廃止を望みます。

第三回 障害児教育

——能力主義を支えてきた特殊教育、支え続ける特別支援教育

はじめに

皆さんこんにちは。今日は障害児教育です。障害児教育を通して日本の教育を見るとよく分かることがあります。「能力主義を支えてきた特殊教育、支え続ける特別支援教育」としました。この連続学習会の大きなテーマとしては戦前戦後の「断絶と継続」がありますが、戦前の障害児教育というのは、ほとんど人権に即して行われた例はなかったと言っていいと思います。戦後、形の上では多少整ってきましたが、依然分離体制で本質的には変わりないと思います。

一八七二（明治五）年、明治政府は学制を敷き「邑ニ不學ノ戸ナク家ニ不學ノ人ナカラシメン事ヲ期ス」とすすめる一方、「廃人學校アルヘシ」という規定を設けていたことはよく知られていますが、その経緯も内容も明らかにされていません。恐らく西洋諸国を見聞した人たちの建白によるものと思われます。たぶん、山尾庸三のいう廃疾の窮民も教育によって「無用ヲ有用ニ転ジテ有用トナシ國家経済ノ道ニオイテ万一ノ裨補無クンバアラス而シテ彼等又各其力ニ食ミ世上ノ良民ト共ニ自主ノ権ヲ得、以皇朝至仁ノ沢ニ沾ハントス」あたりに論拠しているのでしょう。しかし、その後、いくつかの授産的な学校が試みられましたが、近代的な学校の設置は一八七八（明治十一）年の京都盲亞院の設置をまたなければなりませんでした。

一九七八年、養護学校義務化の前の年ですけど、日本特殊教育連盟では特殊教育一〇〇年ということでお祝いの式典を開きました。記念切手（資料1）も出ました。それは一八七八年の京都盲亞院の設置を障害児教育の始まりとしているわけです。ただしそれは盲亞院であって、盲・聾のための学校です。「廃人」と一括していますが、その発想が「無用を有用に」である以上、有用になる見込みがなければ対象になりません。盲・聾から出発する所以です。

資料1　特殊教育100年記念切手

時代が進むにつれ、その他の障害者を収容する施設などがつくられますが、多くは「社会防衛」論によるもので、放っておくと何をするか分からないという発想がありました。従って、戦前の障害者の扱われ方というのは本当に悲惨なものでした。「穀つぶし」と呼ばれ身をひそめて生きていました。特にひどかったのが精神障害者でした。戦後になって実態が報告されています。

例えば東京の松沢病院でも戦争になって入院患者の死亡率が高くなっています（表1参照）。塚崎直樹編『声なき虐殺』（BOC出版部）によれば、一九三七年に日中戦争が始まりますが、翌年には年間死亡者が二倍近くになり、以後増加の一途を辿っています。戦争が終わるのは一九四五年八月ですが、もう九月から死亡者は減り始め、一九四八年にはほぼ一九三六年と同じ状況になっていいます。死因はほとんど栄養失調になっていますが、ほんとうは餓死です。私たちは戦争中、「闇」で入手したり人の芋畑の芋を盗んで今があるわけですけれど、そういうことができない、病院に収容された障害者、特に精神障害者の場合は盗むこともできなかったでしょうし、食糧の配給そのものが極端に少なかったのです。このような事例は、松沢病院に限らず、各地の精神病院・障害者施設からも報告されています。

学制施行以来、政府の勧めにもかかわらずなかなか増えなかった就学率が、日清戦争前後から急速に向上します。それにつれて学力不振児問題が起こってきます。就学率の向上は本来喜ぶべきことですが、いろいろ条件の悪い子も入ってくるので教員がもてあまします。

一八八八（明治二十一）年、長野県松本尋常小学校では成績不振児五〇名に算術の特別学習をしたことを契機に、一八九〇年から能力別学級編成を採用しましたが、「劣等生学級生は他の軽侮を受くると共に自暴自棄の念を起こし、訓育上の障害となり、又各学級教授の進路を異にし、授業上の統一を欠き、且教員いずれも劣等学級に当たるを嫌悪する等の弊害あり。従って其成績予想の如く佳良ならざる」という理由で一八九四年にはこの編成をやめ、劣等児を前方や教員の近くに置いたり、放課後にも指導するようにしたという記録があります。ここには子どもを能力に分けて指導することの今日にも及ぶ問題点が指摘されていますが、能力別学習の試みは養護学級、特別学級、補助学級などと呼ばれ、全国各地で行われます。一九四三年には障害児のための学級編成を認め

表１　戦中・戦後の松沢病院入院患者死亡率

年度初めの在院者数、年間の新入院者数、年間の死亡者実数と死亡率

年度（昭和）	自費・公費入院の別	年間の在籍者						その中の死亡者					
		前年からの繰り越し			新入院患者			実数			%		
		男	女	計	男	女	計	男	女	計	男	女	計
11	公費	470	320	790	47	28	75	46	11	57	8.9	3.2	6.6
	自費	126	97	223	156	78	234	8	8	16	2.8	4.6	3.5
	計	596	417	1,013	203	106	309	54	19	73	6.8	3.6	5.5
12	公費	455	330	785	57	20	77	35	19	54	6.8	5.4	6.3
	自費	140	91	231	181	95	276	13	9	22	4.1	4.8	4.3
	計	595	421	1,016	238	115	353	48	28	76	5.8	5.2	5.6
13	公費	462	328	790	61	32	93	54	45	99	10.3	12.5	11.2
	自費	147	96	243	187	126	313	15	8	23	4.5	3.6	4.1
	計	609	424	1,033	248	158	406	69	53	122	8.1	9.1	8.5
14	公費	457	316	773	117	63	180	106	53	159	18.5	14.0	16.7
	自費	153	96	249	135	120	255	16	7	23	5.6	3.2	4.6
	計	610	412	1,022	252	183	435	122	60	182	14.2	10.1	12.5
15	公費	452	320	772	194	114	308	182	109	291	28.2	25.1	26.9
	自費	154	125	279	166	86	252	46	15	61	14.4	7.1	11.5
	計	606	445	1,051	360	200	560	228	124	352	23.6	16.2	21.9
16	公費	435	309	744	180	89	269	141	82	223	22.9	20.6	22.0
	自費	151	119	270	124	70	194	18	19	37	6.6	10.1	8.0
	計	586	428	1,014	304	159	463	159	101	260	17.9	17.3	17.6
17	公費	453	307	760	51	28	79	79	63	142	15.7	18.8	16.9
	自費	153	115	268	127	88	215	22	12	34	7.9	5.9	7.0
	計	606	422	1,028	178	116	294	101	75	176	12.8	14.1	13.3
18	公費	408	266	674	79	43	122	80	39	119	16.4	12.6	15.0
	自費	159	122	281	102	98	200	28	27	55	10.7	12.3	11.4
	計	567	388	955	181	141	322	108	66	174	14.4	12.5	13.6
19	公費	394	273	667	105	77	182	179	125	304	35.9	35.7	35.8
	自費	163	126	289	144	58	202	87	27	114	28.3	14.7	23.2
	計	557	399	956	249	135	384	266	152	418	33.0	28.5	31.2
20	公費	262	163	425	125	170	295	192	105	297	49.6	31.5	41.4
	自費	132	111	243	120	86	206	131	50	181	52.0	25.6	40.4
	計	394	274	668	245	256	501	323	155	478	50.6	29.4	40.9
21	公費	75	100	175	83	78	161	45	49	94	28.5	27.6	28.0
	自費	156	173	329	122	62	184	49	30	79	17.6	12.8	15.4
	計	231	273	504	205	140	345	94	79	173	21.6	19.2	21.0
23	計	286	311	597	329	281	610	33	28	61	5.4	4.7	5.1
26	計	428	413	841	324	233	557	44	38	82	5.8	5.9	5.9
31	計	590	540	1,130	146	76	222	10	5	15	1.4	0.8	1.1

（塚崎直樹編『声なき虐殺』BOC 出版部より）

る制度もできますが、やがて戦局が厳しくなり「聖戦完遂」一色のなか、漸次解散していきました。

特殊教育の使命

戦後になって学制が変わり、ようやく障害児の教育の学校も学制に入ってきます。明治の学制では小学校令、中学校令と別になっていたものが、一応全部の学校が一つの学制に入るようになったわけです。しかし、一九四七年の学校教育法制定で盲・聾・養護学校の義務制は規定しましたが、付則で「就学義務および設置義務に関する部分の施行期日は政令で定める」として、翌四八年、政令七九で盲・聾のみ四八年から学年進行で実施してきました。従ってかなりの知的障害児も地域の学校に就学しました。もちろん、就学猶予や免除を勧められる例も少なからずありましたが、就学猶予や免除は保護者が願い出て教育委員会が許可する制度です、願い出なければ入れました。当然いろいろなタイプの子どもがいますので松本のようなことも起こります。特にそれまで試案だった学習指導要領が官報に告示され（一九五八年）、学習内容が基準化されると「おちこぼれ」が目立つようになります。「能力・適性にあった教育」が強調され、特殊学級の増設が進んできました。

この時期、私は東京都からの派遣学生として東京学芸大学の特殊教育課程に通います。後で考えると一年間ここで学んだことは、その後子どもたちと付き合う上では邪魔にこそなれ役に立つことはほとんどありませんでしたが、当時「おちこぼれ」を出してしまうことで悩んでいましたので、特殊教育を学ぶことで、できない子にも教えられる上等な教師になれるのではないかと期待して応じました。ところが一枚余分な免状をもって張り切って中学校特殊学級に赴任すると、迎えてくれた生徒が「先生も落第してきたの？」と言うではありませんか。障害をもつ子や学習の遅れた子のために、特別な教室や特別な教員や特別な教材を用意することが悪いはずはないと思っていましたので、意味が分からずぼんやりしていましたら、その生徒は前に出てきて私の肩を叩いて言ってくれたのです「先生なら大丈夫だと思うよ。もう一回試験受けて普通へ戻りな」と。

やっと分かりました。私の前にいる生徒はここへ来たくなかったのです。一九六〇年代、学力テストの時期でした。クラスや学校の点数を上げるため、普通学級から排除されてきていたのです。私はその日のうちに、特殊学級へなるべく入れない、なるべく普通学級へ返す決心をしたのですが、今まで読み流していた六一年発行の文部省広報資料一八「わが国の特殊教育」をあらためて読み直して驚きました。「第一章　特殊教育の使命」の最後のほうには

「……この、五十人の普通の学級の中に、強度の弱視や難聴や、さらに精神薄弱や肢体不自由の児童・生徒が交わり合って編入されているとしたら、はたしてひとりの教師によるじゅうぶんな指導が行なわれ得るものでしょうか。特殊な児童・生徒に対してはもちろん、学級内で大多数を占める心身に異常のない児童・生徒の教育そのものが、大きな障害を受けずにはいられません。

五十人の普通学級の学級運営を、できるだけ完全に行なうためにも、その中から、例外的な心身の故障者は除いて、これらとは別に、それぞれの故障に応じた適切な教育を行なう場所を用意する必要があるのです。

特殊教育の学校や学級が整備され、例外的な児童・生徒の受け入れ体制が整えば、それだけ、小学校や中学校の、普通学級における教師の指導が容易になり、教育の効果があがるようになるのです。」

と書かれているではありませんか。今、特殊教育の学校や学級はたくさんできていますが、普通学級における教師の指導は容易になるどころか困難を極めています。子どもを分けることの誤りの端的な現われですが、文科省は分け続けます。教員も邪魔な子を一人排除すれば、また次に排除すべき子が現れます。

特殊教育の学級や学校は障害児の教育権の保障と共に、普通学級の障害になる子を引き受けるという二つの使命を果たし続けるからこそ、これまで発展しこれからも発展していくのです。

イタリアでは一九七七年に養護学校をなくすという法律ができ、世界は統合に向かいつつありましたが、日本では、一九七九年には養護学校が義務化されました。盲・聾学校に遅れること三一年、ようやく知的障害児に

も教育権が得られると、一見、障害児の教育権の保障のように見えますが、そうではありません。文部省は「未就学をなくし全ての障害児に適切な教育を」と意気込んでいましたが、実は能力主義を柱にした一九七一年の第二十二回中央教育審議会答申「今後における学校教育の総合的な拡充整備のための基本的施策について」（いわゆる四六答申、資料2）に基づくもので、能力による差別・選別を徹底し多様な労働力をつくり出していくことが狙いで、その一環として特殊教育の拡充整備が挙げられ、「これまで延期されてきた養護学校における義務教育を実施に移すとともに、市町村に対して必要な収容力をもつ精神薄弱児のための特殊学級を設置する義務を課すること」と示しました。（この答申内容は驚くほど、今度の「改正」教育基本法に似ていますが、人材の配分・供給先が大きく変わっています。）

養護学校義務化に対しては、障害のある子もそうでない子も地域の学校で共に学ぶことをめざす、大きな反対運動が起こりましたが、障害児探しも盛んに行われました。振り分けに反対する親子と教育委員会とのトラブルも一〇〇〇件を超えました。結果として就学猶予・免除者は七〇〇〇人減りましたが、養護学校在学者は一七〇〇〇人増えました。一九七九年は国際児童年でしたが、日本の文部省は日本の子どもに共通一次と養護学校義務化をプレゼントしました。

一九八一年は国際障害者年でした。国際障害者年のスローガンは「完全参加と平等」でした。総理府の中に設けられた中央心身障害者対策協議会の教育部会では、当然のこととしてどう統合教育を進めるかを検討していました。ところが養護学校を義務化したばかりの文部省が、次の文書を送り、交流教育の推進にとどめました。

「障害の重い子どもを小・中学校で教育することの問題点

一、障害の重い子どもに対しては、小・中学校では適切な教育ができない。

1　一般の教育課程に適応することが困難。

2　障害に応じた特別指導（点字学習、口話法等の指導、機能訓練など）を受けられない。

二、一般の子どもたちの教育に支障が生ずる恐れがある。

1　四十人学級では、担任教員が、障害児の世話に追われ、一般児童の教育に支障が生ずる。
2　教員及び一般児童の負担が増える（善意の手助けのみを当てにできない）。
三、多額の財政負担を強いられる。
1　学校施設の改善（スロープ、エレベーターなど）や特別施設、スクールバスの整備が必要。
2　専門教員、介助職員の配置が必要となる。
3　盲・聾・養護学校整備との関連で二重投資となる。
四、現行の教育制度、ひいては学校教育制度全体の根幹に触れる大きな問題となる。」

今でも障害児が地域の学校に就学したいと言って就学相談に行くと、地域によってはまず「ついていけませんよ」と言われる。この子なりの学び方で豊かな人間関係が得られると親が言えば、「他の子の迷惑になりますよ」と言われます。それもお互い様と応えれば、三、四が続きます。しかし、公共の施設であれば障害者も老人も出入りできて当たり前です。地域の学校に行くのにスクールバスはいらない。地域の学校を皆のものにするほうがずっと経済的であることは明らかです。言うまでもなく普通学級への受け入れ拒否の本音は、子どもを競い合わせる現行教育制度の維持です。

その後も国際的には、障害者の機会均等化に関する基準規則の採択（一九九三年）、サラマンカ宣言（一九九四年）など統合に向かう動きが続きましたが、日本の文部省は、それを周知させることなく、却って分離に拍車をかけました。

一九九三年には、それまで各自治体で特殊学級の運用として行われていた通級が制度化されます。発達障害者支援法のさきがけになるようなもので、知的障害がない、言語障害、情緒障害、肢体不自由、虚弱等の子が普通学級に在籍しながら一部必要な特別指導を受ける教育形態です。養護学校義務化以来、さかんに養護学校や特殊学級が増設されましたが、そこに入る子は減少が続いていました。それも少子化に伴うものではなく、全児童生徒に対する割合も八〇年度　一・〇七％、八四年度　一・〇〇％、八八年度　〇・九一％、九一年度　〇・八八％という具合でした。誰だって分けられるのは嫌で、特殊や養護には行きたくありません。しかし、知的障害のない障害児の中には、必要な特別指導は普通学級在籍のままましてほしいという要求があって、各自治体ごとに応じていたものを制度化したものです。日教組も含め、私たちは新たな「障害児排除」「障害児探し」につながる恐れがある、共生の日常的実践こそをと反対しましたが、押し切られました。案の定、制度化されると通級する子は急速に増え始め、全国で九三年度一万二二五九人、九九年度　二万五九二二人、二〇〇五年度　三万八七三八人という状況ですが、この傾向は知的障害児の特殊教育への流れも誘導しています。さらに特別支援教育の発足で、増加は加速すると思います。

通級指導は普通学級に在籍しているため、普通学級での教育の上に特別な支援が重ねられるように思われがちですが、そうではありません。通級指導は普通学級での学習の時間をさいて行われます。共に学ぶ時間を奪ってまでしなければならないことはそう多くはないはずです。短い時間でも分けることに変わりありません。かつて私が担任したTさんは、週に一時間補聴器の調整のため教室を離れるとき、皆に向かって「私のいないとき面白いことしないで」と言っていました。文科省の学校基本調査によれば、六二%が在籍校ではなく他校への通級ですから、離れるのはかなりの時間と思われます。

「問題を起こす子どもへの教育をあいまいにしない」

二〇〇〇年三月、小渕首相（四月、小渕死亡後森首相）の私的諮問機関として発足した教育改革国民会議は、二〇〇〇年の十二月二十二日、「教育を変える一七の提案」と銘打った最終報告を出しました。（二〇〇一年文部省は科学技術庁を統合した文部科学省になり、特殊教育課は特別支援教育課になった。）文科省は提案を受けて戦争をする国にするための教育改革→教育基本法「改正」に突き進むわけですが、一七の提案の中に次の項がありました。

「問題を起こす子どもへの教育をあいまいにしない

一人の子どものために、他の子どもたちの多くが学校生活に危機を感じたり、厳しい嫌悪感を抱いたりすることのないようにする。不登校や引きこもりなどの子どもに配慮することはもちろん、問題を起こす子どもへの対応をあいまいにしない。その一方で、問題児とされている子どもの中には、特別な才能や繊細な感受性をもった子どもがいる可能性があることも十分配慮する。

提言

（一）問題を起こす子どもによって、そうでない子どもたちの教育が乱されないようにする。

（二）教育委員会や学校は、問題を起こす子どもに対して出席停止など適切な措置をとるとともに、それらの子どもの教育について十分な方策を講じる。

（三）これら困難な問題に立ち向かうため、教師が生徒や親に信頼されるよう、不断の努力をすべきことは当然である。しかし、これは学校のみで解決できる問題ではなく、広く社会や国がそれぞれ真剣に取り組むべき問題である。」

問題を起こす子の教育をあいまいにしない、すなわち分けるということです。先にお話ししました「わが国の特殊教育」が出た六一年からこの二〇〇〇年までちょうど四〇年あるわけですが、でも四〇年の間まったく何も変わっていないわけです。共に学ぶ実践を抑圧しながらほぼ同じ姿勢で貫いてきたと言えると思います。ただ一つ変わっているのは、前文に「その一方で、問題児とされている子どもの中には、特別な才能や繊細な感受性をもった子どもがいる可能性があることも十分配慮する」という文言です。要は、ひょっとしたら天才がいるかもしれないから気をつけろというのですね。保護者の運動もありましたが、それに応える形で発達障害者支援法につながっていきます。

共に学ぶ実践を無視した協力者会議——「基盤整備は終わった、さらなる発展を」——六・三％探しも始まる

二〇〇〇年五月に発足し、教育改革国民会議と並行して審議を進めていた「二十一世紀の特殊教育の在り方に関する調査研究協力者会議」は、二〇〇一年一月「日本の特殊教育は発展を続け基盤整備が終わり、さらなる発

展に向かうべき」という最終報告を出しました。

「二十一世紀の特殊教育の在り方に関する調査研究協力者会議」は設置のための前年末の予算要求の段階では、

一、趣旨

近年、児童生徒の障害の重度・重複化、多様化傾向の拡大、より軽度の障害のある児童生徒への対応や早期からの教育的対応に対するニーズの高まり、高等部への進学率の上昇、卒業後の進路の多様化などが進んでいる。また、欧米ではノーマライゼーションの進展から、障害のある子どもと障害のない子どもを可能な限り通常の学級で一緒に教育するインクルージョンの原則が主流になっている。

さらに、平成十年の中教審答申「今後の地方教育行政の在り方について」の数々の提言を踏まえ、国から都道府県に対する指導助言の在り方の見直し等が行われたところである。

このように、近年、特殊教育をめぐる状況が大きく変化してきており、これらの状況を踏まえて、就学指導の見直しや盲・聾・養護学校の在り方等、今後の特殊教育の在り方についての検討が必要である。

このため、特殊教育の現状に関する国内外の調査を行うと同時に、二十一世紀における我が国の特殊教育の在り方について幅広く検討を進め、今後の施策の企画立案に資することとする。

二、内容

（1）特殊教育の現状の調査

（2）調査研究協力者会議の設置　一〇回

（3）二十一世紀の特殊教育ビジョンの広報・普及事業

（4）主な研究

①　我が国の特殊教育の現状と課題

②　国際的な特殊教育の動向

③　盲・聾・養護学校の今後の在り方

④　小・中学校における特別な教育ニーズを有する児童生徒への対応

⑤　特殊教育における教育課程の今後の改善の方向

⑥　地方分権推進等の観点からの就学指導の在り方の見直し

というものでした。これを読んだ人々は当然のこととして、日本の障害児教育が統合に向かって大きく転換するものと期待しました。

趣旨に沿った調査研究を行うとすれば、地域の学校で共に学ぶことをめざしてきた実践を土台に、協力者はその実践者やそのなかから自立した障害者等を協力者に選ぶべきでしたが、実際には、それを無視して、特殊教育を推進しようという人ばかりが選ばれました。この人選の決定的な誤りが、「我が国の特殊教育制度は着実に発展を続けてきた。これからは障害のある児童生徒の視点に立って一人一人のニーズを把握し必要な支援を行う必要がある」という誤った最終報告を出しました。

この報告が「特別支援教育の在り方に関する調査研究協力者会議」に受け継がれ、二〇〇三年三月「一、障害によって場を分けていた教育を、ニーズに基づく教育に。二、盲・聾・養護学校を特別支援学校にするとともにセンター的機能をもたせる。三、特殊学級は通級指導とあわせて特別支援教室にする」という最終報告を出しました。これが中教審を経て、若干の法改正をして二〇〇七年四月一日、特別支援教育の発足に至りました。

基になる「特別支援教育の在り方に関する調査研究協力者会議」の二〇〇三年三月の最終報告は、従来の対象にＬＤ（学習障害）、ＡＤＨＤ（注意欠陥・多動性障害）、高機能自閉症を加えて、対象を増やし、

一、教育ニーズは本人のものであるが、教育者によって把握されるものとしている。従って個別の教育支援計画、個別の移行支援計画も管理計画になりかねない。しかもニーズによる分離をしないとは書かれていない。

二、センター的機能は、特別支援学校からではなく地域の学校からこそ、〝共に学ぶ〟発信をすべきである。

三、従来の特殊学級や通級指導を普通学級在籍としながら、必要な時間のみ特別支援教室で指導を受ける、ということ自体は、本人の同意があれば評価できるのではないかと考えていたが、結局固定された特殊学級の存続を望む教員とそれに追随する保護者の猛烈な反対運動があって、特殊学級は特別支援学級として存続することになりました。

「特別支援教育の在り方に関する調査研究協力者会議」は、審議中の二〇〇二年二～三月に調査研究会を設

けて「通常の学級に在籍する特別な教育的支援を必要とする児童・生徒に関する実態調査」（新しく加える障害児の調査、資料3参照）を、全国から四万一五七九人を抽出して行い、結果を報告に載せました。

知的発達に遅れはないものの学習面や行動面で著しい困難を示すと担任教師が回答した児童生徒の割合

- 学習面か行動面で著しい困難を示す　六・三％
- 学習面で著しい困難を示す　四・五％
- 行動面で著しい困難を示す　二・九％
- 学習面と行動面で著しい困難を示す　一・二％

※「学習面で著しい困難を示す」とは「聞く」「話す」「読む」「書く」「計算する」「推論する」の一つあるいは複数で著しい困難を示す場合を示し、一方、「行動面で著しい困難を示す」とは、「不注意」の問題、「多動性─衝動性」の問題、あるいは「対人関係やこだわり等」の一つか複数で著しく困難を示す場合を示す。

この結果報告には留意事項として、「本調査は、担任教師による回答に基づくもので、ＬＤの専門家チームによる判断ではなく、医師による診断によるものでもない。従って、本調査の結果は、ＬＤ・ＡＤＨＤ・高機能自閉症の割合を示すものではないことに注意する必要がある」とあるにもかかわらず、調査結果で報道された六・三％が一人歩きし、六・三％の対象児探しが始まりました。

質問項目は「聞きもらしがある」「手足をそわそわ動かしたり、着席していても、もじもじしたりする」「大人びている、ませている」など判断が曖昧になりがちだったり、客観的評価がしにくいものが多いのに、その後に各地で行われた同様のほとんどの調査で、対象児は六・三％を超えています。六・三％は探さなければという教師の熱意でしょうか。ただ二〇〇三年七月に実施した東京都だけは、四・四％という結果が出ています。これは都教委が校長を通して夏休み直前に、急遽小・中学校担任全員に職務命令を出さんばかりの勢いで調査を強制したため、「なぜ保護者に無断で行うのか」「悉皆の必要はない」「人権にかかわる」などの抗議の声が上がりました。結局調査は実施されましたが、四・四％にとどまったのは東京都の教員の抗議、良心の現れだと思います。

二〇〇四年一月、文科省は「小中学校におけるLD・ADHD・高機能自閉症の児童生徒への教育支援体制の整備のためのガイドライン（試案）」を発表しました。

二〇〇五年四月から発達障害者支援法が発足しました。

二〇〇六年十二月、国連で「障害者の権利条約」が採択されました。日本も署名しました。分離教育で条約と乖離する国内法を改正させなければなりません。

二〇〇六年十二月、教育基本法が「改正」され、第四条「教育の機会均等」の二項に「障害に応じた教育」が特記されましたが、場の分離を明記しているわけではありません。教育基本法「改正」反対運動は、障害者自立支援法の見直しを求める障害者の取組みと同時期であったため合流する機会もあり、愛国心の強制反対一筋の反対運動にあわせて能力主義問題を論議することができました。

二〇〇七年四月一日、自立と社会参加を支援するという特別支援教育がスタート。

特別支援教育は「障害者の自立や社会参加を支援する視点に立ち、生活や学習上の困難を改善克服する指導支援をする」（「特別支援教育の推進について」平成十九年四月一日、文科省初等中等教育局長通知一二五号、資料4参照）として、学校教育法の一部を改正して、

一、盲・聾・養護学校を特別支援学校にして、在籍児の教育をするほか、エリアの幼・小・中・高校の要請に応じて助言援助を行う。

二、特殊学級を特別支援学級にする他、普通学級に在籍する通級指導に発達障害児を加える。

としました。

このことについて名称が変わっただけではないかという声がありますが、そうではありません。学力向上が叫ばれるなか、問題を起こす子、学習の遅れた子を引き受けて普通学級の教育をスムーズにする役割は一段と重視されています。その役割ゆえに、特殊教育を受ける子は年々増え続けてきました。そのなかには望んできた子もいますが、多くは普通学級や学校が居づらいからです。この傾向に特別支援教育が拍車をかけています。特別支援教育に怯えている親子もいます。「コーディネーター

の先生にいじめられています」と言う母親がいます。研究会に行ってきた教員の教育相談の勧めも、障害があっても地域の学校で学び続けようと願う親子には、特別支援学校への転校の勧めに聞こえるのです。

特別支援教育は手をこまねいていれば、能力主義を支え分離を進めます。

今こそ、子どもを障害や能力によって分けるのでなく、共に学ぶ取組みを進めなければなりません。私は二二年間特殊学級の担任をしてできるだけのことをしましたが、得た結論は「子どもは分けてはならない」ということです。

・子どもは分けたがっても、分けられたがってもいません。

・分けた所でできることには限りがあります。みんなの中で獲得したものは使いでがあります。

・将来にわたって地域で暮らすなら、地域の暮らしの場数を踏み、地域に馴染むことです。

・分けた側の不幸は計り知れません。障害児のいない偏った環境の学級で育つことは本人の責任ではありませんが、障害児を排除する立場にいます。

私たちの共に学ぶ歩みが確実なとき、特別支援教育も統合に向かって機能するはずです。

調査用紙1　No.2

Ⅱ　行動面での様子（不注意など）についてお答えください。(B)

（0：ない、もしくはほとんどない、1：ときどきある、2：しばしばある、3：非常にしばしばある、の4段階で回答）

7「不注意」	31	学校での勉強で、細かいところまで注意を払わなかったり、不注意な間違いをしたりする	0-1-2-3
	32	手足をそわそわ動かしたり、着席していても、もじもじしたりする	0-1-2-3
	33	課題や遊びの活動で注意を集中し続けることが難しい	0-1-2-3
	34	授集中や座っているべき時に席を離れてしまう	0-1-2-3
	35	面と向かって話しかけられているのに、聞いていないようにみえる	0-1-2-3
	36	きちんとしていなければならない時に、過度に走り回ったりよじ登ったりする	0-1-2-3
	37	指示に従えず、また仕事を最後までやり遂げない	0-1-2-3
	38	遊びや余暇活動に大人しく参加することが難しい	0-1-2-3
	39	学習課題や活動を順序立てて行うことが難しい	0-1-2-3
8「多動性—衝動性」	40	じっとしていない。または何かに駆り立てられるように活動する	0-1-2-3
	41	集中して努力を続けなければならない課題（学校の勉強や宿題など）を避ける	0-1-2-3
	42	過度にしゃべる	0-1-2-3
	43	学習課題や活動に必要な物をなくしてしまう	0-1-2-3
	44	質問が終わらない内に出し抜けに答えてしまう	0-1-2-3
	45	気が散りやすい	0-1-2-3
	46	順番を待つのが難しい	0-1-2-3
	47	日々の活動で忘れっぽい	0-1-2-3
	48	他の人がしていることをさえぎったり、じゃましたりする	0-1-2-3

調査用紙1　No.3

Ⅲ　行動面での様子（対人関係）などについてお答えください（C）

（0：いいえ、1：多少、2：はい、の3段階で回答）

9「対人関係やこだわり等」

49	大人びている。ませている	0-1-2
50	みんなから、「○○博士」「○○教授」と思われている（例：カレンダー博士）	0-1-2
51	他の子どもは興味を持たないようなことに興味があり、「自分だけの知識世界」を持っている	0-1-2
52	特定の分野の知識を蓄えているが、丸暗記であり、意味をきちんとは理解していない	0-1-2
53	含みのある言葉や嫌みを言われても分からず、言葉通りに受けとめてしまうことがある	0-1-2
54	会話の仕方が形式的であり、抑揚なく話したり、間合いが取れなかったりすることがある	0-1-2
55	言葉を組み合わせて、自分だけにしか分からないような造語を作る	0-1-2
56	独特な声で話すことがある	0-1-2
57	誰かに何かを伝える目的がなくても、場面に関係なく声を出す（例：唇を鳴らす、咳払い、喉を鳴らす、叫ぶ）	0-1-2
58	とても得意なことがある一方で、極端に不得手なものがある	0-1-2
59	いろいろな事を話すが、その時の場面や相手の感情や立場を理解しない	0-1-2
60	共感性が乏しい	0-1-2
61	周りの人が困惑するようなことも、配慮しないで言ってしまう	0-1-2
62	独特な目つきをすることがある	0-1-2
63	友達と仲良くしたいという気持ちはあるけれど、友達関係をうまく築けない	0-1-2
64	友達のそばにはいるが、一人で遊んでいる	0-1-2
65	仲の良い友人がいない	0-1-2
66	常識が乏しい	0-1-2
67	球技やゲームをする時、仲間と協力することに考えが及ばない	0-1-2
68	動作やジェスチャーが不器用で、ぎこちないことがある	0-1-2
69	意図的でなく、顔や体を動かすことがある	0-1-2
70	ある行動や考えに強くこだわることによって、簡単な日常の活動ができなくなることがある	0-1-2
71	自分なりの独特な日課や手順があり、変更や変化を嫌がる	0-1-2
72	特定の物に執着がある	0-1-2
73	他の子どもたちから、いじめられることがある	0-1-2
74	独特な表情をしていることがある	0-1-2
75	独特な姿勢をしていることがある	0-1-2

資料３　通常の学級に在籍する特別な教育的支援を必要とする児童・生徒に関する実態調査
（東京都教職員研修センター研究部研究課）

別紙５

「通常の学級に在籍する特別な教育的支援を必要とする児童・生徒に関する実態調査」
判断基準

Ⅰ　A 学習面での様子（「聞く」「話す」「読む」「書く」「計算する」「推論する」）

「聞く」「話す」等の６つの質問領域（各５つの設問）の内、少なくともひとつの領域で該当する項目が 12 ポイント以上であること。

Ⅱ　B 行動面での様子（「不注意」「多動性—衝動性」）

「不注意」又は「多動性—衝動性」に関する質問領域の少なくとも一つの群で該当する項目が６ポイント以上であること。ただし、回答の 0、1 点を 0 点に、2、3 点を 1 点にして計算する。

Ⅲ　C 行動面での様子（「対人関係やこだわり等」）

該当する質問領域で 22 ポイント以上であること。

調査用紙１　No.1

Ⅰ　学習面での様子についてお答えください。(A)
（0：ない、1：まれにある、2：ときどきある、3：よくある、の４段階で回答）

1「聞く」	1	聞き間違いがある（「知った」を「行った」と聞き間違える）	0-1-2-3
	2	聞きもらしがある	0-1-2-3
	3	個別に言われると聞き取れるが、集団場面では難しい	0-1-2-3
	4	指示の理解が難しい	0-1-2-3
	5	話し合いが難しい（話し合いの流れが理解できず、ついていけない）	0-1-2-3
2「話す」	6	適切な速さで話すことが難しい（たどたどしく話す。とても早口である）	0-1-2-3
	7	ことばにつまったりする	0-1-2-3
	8	単語を羅列したり、短い文で内容的に乏しい話をする	0-1-2-3
	9	思いつくままに話すなど、筋道の通った話をするのが難しい	0-1-2-3
	10	内容をわかりやすく伝えることが難しい	0-1-2-3
3「読む」	11	初めて出てきた語や、普段あまり使わない語などを読み間違える	0-1-2-3
	12	文中の語句や行を抜かしたり、または繰り返し読んだりする	0-1-2-3
	13	音読が遅い	0-1-2-3
	14	勝手読みがある（「いきました」を「いました」と読む）	0-1-2-3
	15	文章の要点を正しく読みとることが難しい	0-1-2-3
4「書く」	16	読みにくい字を書く（字の形や大きさが整っていない。まっすぐに書けない）	0-1-2-3
	17	独特の筆順で書く	0-1-2-3
	18	漢字の細かい部分を書き間違える	0-1-2-3
	19	句読点が抜けたり、正しく打つことができない	0-1-2-3
	20	限られた量の作文や、決まったパターンの文章しか書かない	0-1-2-3
5「計算する」	21	学年相応の数の意味や表し方についての理解が難しい（三千四十七を 300047 や 347 と書く。分母の大きい方が分数の値として大きいと思っている）	0-1-2-3
	22	簡単な計算が暗算でできない	0-1-2-3
	23	計算をするのにとても時間がかかる	0-1-2-3
	24	答えを得るのにいくつかの手続きを要する問題を解くのが難しい（四則混合の計算。２つの立式を必要とする計算）	0-1-2-3
	25	学年相応の文章題を解くのが難しい	0-1-2-3
6「推論する」	26	学年相応の量を比較することや、量を表す単位を理解することが難しい（長さやかさの比較。「15cm は 150mm」ということ）	0-1-2-3
	27	学年相応の図形を描くことが難しい（丸やひし形などの図形の模写。見取り図や展開図）	0-1-2-3
	28	事物の因果関係を理解することが難しい	0-1-2-3
	29	目的に沿って行動を計画し、必要に応じてそれを修正することが難しい	0-1-2-3
	30	早合点や、飛躍した考えをする	0-1-2-3

資料2　第二十二回中央教育審議会答申「今後における学校教育の総合的な拡充整備のための基本的施策について」（一九七一年六月十一日）（抜粋）

前文

第一編　学校教育の改革に関する基本構想

　第一章　今後の社会における学校教育の役割

　第二章　初等・中等教育の改革に関する基本構想

　　第一　初等・中等教育の根本問題

　　（能力主義を基本に、戦後の占領下の教育改革を否定し、「民族的な伝統を基礎とする国民的なまとまりを実現し、世界の平和と人類の福祉に貢献できる日本人」が強調されている）

　　第二　初等・中等教育改革の根本構想

　　一　人間の発達過程に応じた学校体系の開発

　　二　学校段階の特質に応じた教育課程の改善

　　三　多様なコースの適切な選択に対する指導の徹底

　　四　個人の特殊性に応じた教育方法の改善

　　（五、六略）

　　七　特殊教育の積極的な拡充整備

　　　すべての国民にひとしく能力に応ずる教育の機会を保障することは国の重要な任務であって、通常の指導方法や指導形態には適応できない様々な心身の障害を持つ者に対し、それにふさわしい特殊教育の機会を確保するため、国は、次のような施策の実現について、すみやかに行政上、財政上の措置を講ずる必要がある。

　　　①　これまで延期されてきた養護学校における義務教育を実施に移すとともに、市町村に対して必要な収容力をもつ精神薄弱児のための特殊学級を設置する義務を課すること。

　　以下　②　訪問教育

　　　　③　重度障害児施設の設備

　　　　④　早期発見と早期教育・訓練　など

資料４

19文科初第125号
平成19年4月1日

各都道府県教育委員会教育長
各指定都市教育委員会教育長
各　都　道　府　県　知　事
附属学校を置く各国立大学法人学長
殿

文部科学省初等中等教育局長
銭　谷　眞　美

（印影印刷）

特別支援教育の推進について（通知）

文部科学省では、障害のある全ての幼児児童生徒の教育の一層の充実を図るため、学校における特別支援教育を推進しています。

本通知は、本日付けをもって、特別支援教育が法的に位置付けられた改正学校教育法が施行されるに当たり、幼稚園、小学校、中学校、高等学校、中等教育学校及び特別支援学校（以下「各学校」という。）において行う特別支援教育について、下記により基本的な考え方、留意事項等をまとめて示すものです。

都道府県・指定都市教育委員会にあっては、所管の学校及び域内の市区町村教育委員会に対して、都道府県知事にあっては、所轄の学校及び学校法人に対して、国立大学法人にあっては、附属学校に対して、この通知の内容について周知を図るとともに、各学校において特別支援教育の一層の推進がなされるようご指導願います。

なお、本通知については、連携先の諸部局・機関への周知にもご配慮願います。

記

1. 特別支援教育の理念

特別支援教育は、障害のある幼児児童生徒の自立や社会参加に向けた主体的な取組を支援するという視点に立ち、幼児児童生徒一人一人の教育的ニーズを把握し、 その持てる力を高め、生活や学習上の困難を改善又は克服するため、適切な指導及び必要な支援を行うものである。

また、特別支援教育は、これまでの特殊教育の対象の障害だけでなく、知的な遅れのない発達障害も含めて、特別な支援を必要とする幼児児童生徒が在籍する全ての学校において実施されるものである。

場合もあるので、保護者と十分に話し合うこと。

特に幼稚園、小学校においては、発達障害等の障害は早期発見・早期支援が重要であることに留意し、実態把握や必要な支援を着実に行うこと。

(3) 特別支援教育コーディネーターの指名

各学校の校長は、特別支援教育のコーディネーター的な役割を担う教員を「特別支援教育コーディネーター」に指名し、校務分掌に明確に位置付けること。

特別支援教育コーディネーターは、各学校における特別支援教育の推進のため、主に、校内委員会・校内研修の企画・運営、関係諸機関・学校との連絡・調整、保護者からの相談窓口などの役割を担うこと。

また、校長は、特別支援教育コーディネーターが、学校において組織的に機能するよう努めること。

(4) 関係機関との連携を図った「個別の教育支援計画」の策定と活用

特別支援学校においては、長期的な視点に立ち、乳幼児期から学校卒業後まで一貫した教育的支援を行うため、医療、福祉、労働等の様々な側面からの取組を含めた「個別の教育支援計画」を活用した効果的な支援を進めること。

また、小・中学校等においても、必要に応じて、「個別の教育支援計画」を策定するなど、関係機関と連携を図った効果的な支援を進めること。

(5)「個別の指導計画」の作成

特別支援学校においては、幼児児童生徒の障害の重度・重複化、多様化等に対応した教育を一層進めるため、「個別の指導計画」を活用した一層の指導の充実を進めること。

また、小・中学校等においても、必要に応じて、「個別の指導計画」を作成するなど、一人一人に応じた教育を進めること。

(6) 教員の専門性の向上

特別支援教育の推進のためには、教員の特別支援教育に関する専門性の向上が不可欠である。したがって、各学校は、校内での研修を実施したり、教員を校外での研修に参加させたりすることにより専門性の向上に努めること。

また、教員は、一定の研修を修了した後でも、より専門性の高い研修を受講したり、自ら最新の情報を収集したりするなどして、継続的に専門性の向上に努めること。

さらに、独立行政法人国立特別支援教育総合研究所が実施する各種指導者養成研修についても、活用されたいこと。

なお、教育委員会等が主催する研修等の実施に当たっては、国・私立学校関さらに、特別支援教育は、障害のある幼児児童生徒への教育にとどまらず、障害の有無やその他の個々の違いを認識しつつ様々な人々が生き生きと活躍できる共生社会の形成の基礎となるものであり、我が国の現在及び将来の社会にとって重要な意味を持っている。

2. 校長の責務

校長（園長を含む。以下同じ。）は、特別支援教育実施の責任者として、自らが特別支援教育や障害に関する認識を深めるとともに、リーダーシップを発揮しつつ、次に述べる体制の整備等を行い、組織として十分に機能するよう教職員を指導することが重要である。

また、校長は、特別支援教育に関する学校経営が特別な支援を必要とする幼児児童生徒の将来に大きな影響を及ぼすことを深く自覚し、常に認識を新たにして取り組んでいくことが重要である。

3. 特別支援教育を行うための体制の整備及び必要な取組

特別支援教育を実施するため、各学校において次の体制の整備及び取組を行う必要がある。

(1) 特別支援教育に関する校内委員会の設置

各学校においては、校長のリーダーシップの下、全校的な支援体制を確立し、発達障害を含む障害のある幼児児童生徒の実態把握や支援方策の検討等を行うため、校内に特別支援教育に関する委員会を設置すること。

委員会は、校長、教頭、特別支援教育コーディネーター、教務主任、生徒指導主事、通級指導教室担当教員、特別支援学級教員、養護教諭、対象の幼児児童生徒の学級担任、学年主任、その他必要と思われる者などで構成すること。

なお、特別支援学校においては、他の学校の支援も含めた組織的な対応が可能な体制づくりを進めること。

(2) 実態把握

各学校においては、在籍する幼児児童生徒の実態の把握に努め、特別な支援を必要とする幼児児童生徒の存在や状態を確かめること。

さらに、特別な支援が必要と考えられる幼児児童生徒については、特別支援教育コーディネーター等と検討を行った上で、保護者の理解を得ることができるよう慎重に説明を行い、学校や家庭で必要な支援や配慮について、保護者と連携して検討を進めること。その際、実態によっては、医療的な対応が有効な障害のある幼児児童生徒の状況や学校の実態等を踏まえ、特別支援教育を推進するための基本的な計画を定めるなどして、各学校における支援体制や学校施設設備の整備充実等に努めること。

また、学校関係者、保護者、市民等に対し、特別支援教育に関する正しい理解が広まるよう努めること。

特に、教育委員会においては、各学校の支援体制の整備を促進するため、指導主事等の専門性の向上に努めるとともに、教育、医療、保健、福祉、労働等の関係部局、大学、保護者、NPO等の関係者からなる連携協議会を設置するなど、地域の協力体制の構築を推進すること。

また、教育委員会においては、障害の有無の判断や望ましい教育的対応について専門的な意見等を各学校に提示する、教育委員会の職員、教員、心理学の専門家、医師等から構成される「専門家チーム」の設置や、各学校を巡回して教員等に指導内容や方法に関する指導や助言を行う巡回相談の実施（障害のある幼児児童生徒について個別の指導計画及び個別の教育支援計画に関する助言を含む。）についても、可能な限り行うこと。なお、このことについては、保育所や国・私立幼稚園の求めに応じてこれらが利用できるよう配慮すること。

さらに、特別支援学校の設置者においては、特別支援学校教員の特別支援学校教諭免許状保有状況の改善に努めること。

6. 保護者からの相談への対応や早期からの連携

各学校及び全ての教員は、保護者からの障害に関する相談などに真摯に対応し、その意見や事情を十分に聴いた上で、当該幼児児童生徒への対応を行うこと。

その際、プライバシーに配慮しつつ、必要に応じて校長や特別支援教育コーディネーター等と連携し、組織的な対応を行うこと。

また、本日施行される「学校教育法等の一部を改正する法律の施行に伴う関係政令の整備等に関する政令（平成19年政令第55号）」において、障害のある児童の就学先の決定に際して保護者の意見聴取を義務付けたこと（学校教育法施行令第18条の2）に鑑み、小学校及び特別支援学校において障害のある児童が入学する際には、早期に保護者と連携し、日常生活の状況や留意事項等を聴取し、当該児童の教育的ニーズの把握に努め、適切に対応すること。

7. 教育活動等を行う際の留意事項等

(1) 障害種別と指導上の留意事項

障害のある幼児児童生徒への支援に当たっては、障害種別の判断も重要であるが、当該幼児児童生徒が示す困難に、より重点を置いた対応を心がけること。

係者や保育所関係者も受講できるようにすることが望ましいこと。

4. 特別支援学校における取組

(1) 特別支援教育のさらなる推進

特別支援学校制度は、障害のある幼児児童生徒一人一人の教育的ニーズに応じた教育を実施するためのものであり、その趣旨からも、特別支援学校は、これまでの盲学校・聾学校・養護学校における特別支援教育の取組をさらに推進しつつ、様々な障害種に対応することができる体制づくりや、学校間の連携などを一層進めていくことが重要であること。

(2) 地域における特別支援教育のセンター的機能

特別支援学校においては、これまで蓄積してきた専門的な知識や技能を生かし、地域における特別支援教育のセンターとしての機能の充実を図ること。

特に、幼稚園、小学校、中学校、高等学校及び中等教育学校の要請に応じて、発達障害を含む障害のある幼児児童生徒のための個別の指導計画の作成や個別の教育支援計画の策定などへの援助を含め、その支援に努めること。

また、これらの機関のみならず、保育所をはじめとする保育施設などの他の機関等に対しても、同様に助言又は援助に努めることとされたいこと。

特別支援学校において指名された特別支援教育コーディネーターは、関係機関や保護者、地域の幼稚園、小学校、中学校、高等学校、中等教育学校及び他の特別支援学校並びに保育所等との連絡調整を行うこと。

(3) 特別支援学校教員の専門性の向上

上記のように、特別支援学校は、在籍している幼児児童生徒のみならず、小・中学校等の通常学級に在籍している発達障害を含む障害のある児童生徒等の相談などを受ける可能性も広がると考えられるため、地域における特別支援教育の中核として、様々な障害種についてのより専門的な助言などが期待されていることに留意し、特別支援学校教員の専門性のさらなる向上を図ること。

そのためにも、特別支援学校は、特別支援学校教員の特別支援学校教諭免許状保有状況の改善、研修の充実に努めること。

さらに、特別支援学校教員は、幼児児童生徒の障害の重複化等に鑑み、複数の特別支援教育領域にわたって免許状を取得することが望ましいこと。

5. 教育委員会等における支援

各学校の設置者である教育委員会、国立大学法人及び学校法人等においては、また、企業等への就職は、職業的な自立を図る上で有効であることから、労働関係機関等との連携を密にした就労支援を進められたいこと。

(6) 支援員等の活用

障害のある幼児児童生徒の学習上・生活上の支援を行うため、教育委員会の事業等により特別支援教育に関する支援員等の活用が広がっている。

この支援員等の活用に当たっては、校内における活用の方針について十分検討し共通理解のもとに進めるとともに、支援員等が必要な知識なしに幼児児童生徒の支援に当たることのないよう、事前の研修等に配慮すること。

(7) 学校間の連絡

障害のある幼児児童生徒の入学時や卒業時に学校間で連絡会を持つなどして、継続的な支援が実施できるようにすることが望ましいこと。

8. 厚生労働省関係機関等との連携

各学校及び各教育委員会等は、必要に応じ、発達障害者支援センター、児童相談所、保健センター、ハローワーク等、福祉、医療、保健、労働関係機関との連携を図ること。

【本件連絡先】
文部科学省初等中等教育局
特別支援教育課（古川、富田、吉原）
TEL：03-5253-4111（内線 3192）
03-6734-3192（直通）

また、医師等による障害の診断がなされている場合でも、教師はその障害の特徴や対応を固定的にとらえることのないよう注意するとともに、その幼児児童生徒のニーズに合わせた指導や支援を検討すること。

(2) 学習上・生活上の配慮及び試験などの評価上の配慮

各学校は、障害のある幼児児童生徒が、円滑に学習や学校生活を行うことができるよう、必要な配慮を行うこと。

また、入学試験やその他試験などの評価を実施する際にも、別室実施、出題方法の工夫、時間の延長、人的な補助など可能な限り配慮を行うこと。

(3) 生徒指導上の留意事項

障害のある幼児児童生徒は、その障害の特性による学習上・生活上の困難を有しているため、周囲の理解と支援が重要であり、生徒指導上も十分な配慮が必要であること。

特に、いじめや不登校などの生徒指導上の諸問題に対しては、表面に現れた現象のみにとらわれず、その背景に障害が関係している可能性があるか否かなど、幼児児童生徒をめぐる状況に十分留意しつつ慎重に対応する必要があること。

そのため、生徒指導担当にあっては、障害についての知識を深めるとともに、特別支援教育コーディネーターをはじめ、養護教諭、スクールカウンセラー等と連携し、当該幼児児童生徒への支援に係る適切な判断や必要な支援を行うことができる体制を平素整えておくことが重要であること。

(4) 交流及び共同学習、障害者理解等

障害のある幼児児童生徒と障害のない幼児児童生徒との交流及び共同学習は、障害のある幼児児童生徒の社会性や豊かな人間性を育む上で重要な役割を担っており、また、障害のない幼児児童生徒が、障害のある幼児児童生徒とその教育に対する正しい理解と認識を深めるための機会である。

このため、各学校においては、双方の幼児児童生徒の教育的ニーズに対応した内容・方法を十分検討し、早期から組織的、計画的、継続的に実施することなど、一層の効果的な実施に向けた取組を推進されたいこと。

なお、障害のある同級生などの理解についての指導を行う際は、幼児児童生徒の発達段階や、障害のある幼児児童生徒のプライバシー等に十分配慮する必要があること。

(5) 進路指導の充実と就労の支援

障害のある生徒が、将来の進路を主体的に選択することができるよう、生徒の実態や進路希望等を的確に把握し、早い段階からの進路指導の充実を図ること。

第三回「障害児教育」感想

共に生き合う社会は戦争への道に進まない

佐野公保（教員、障害児を普通学校へ・全国連絡会会員）

特殊教育が能力主義を支えてきたのと同じように、というと譬えがおかしいが、北村さんはその差別選別の「障害児教育」に抗する闘い、共に学ぶ教育を求める取組みのまさに支えだった、いや今でも。山梨でどうしたらいいかと模索していた私にとってもそうであったし、その後も支えられているなという思いで今回の学習会に参加した。

障害児を普通学校へ・全国連絡会（以下、全国連絡会）が活動を開始した同じ頃、山梨で「障害児教育問題連絡会」が同様な思いで活動を開始し、私は事務局として会報発行など、そして学習会、相談会などを仲間と進めていった。市民運動不毛の地と言われていた山梨、地元の一〇〇％加盟の教職員組合が校長、教頭、教委、PTAまでも組織化しているかの状況で、とりわけ教育の市民運動はまるでない、そこに逆らうことになるような運動はあり得ない状況だった。私もその組合の組合員で、組合の中でも活動を進めたが、最後はこのことも含んでの軋轢となり、私は脱退し独立組合結成に向かうことにつながっていったとも言える。

日教組全国教研第十三分科会障害児教育に初めて参加したときだろうか、北村さんに初めて会ったのは。全国連絡会で、普通学級就学の取組みのなかで、山梨にも何度も来ていただき、たくさんのことを教えていただいた。いや、叱咤され続けていたように思う。独立組合結成から以降も、難しい立場でも、まさにそうして支えられてきたことを感じていた。

北村さんが「障害児教育」の問題に取り組んできたのは、それが、〈戦争は教室から始まる――学校の戦前戦後、断絶と連続〉という六回の学習会のテーマにおいて取り上げられるべき問題、その根幹、まさに私たちの足下の問題だからなのだ。

逆説的に言えば、特殊教育の名の下での「教育」を受けさせられ、あるいはそもそも教育の場から排除されることで過酷な生を生かされ能力主義を支えさせられてきた「障害児者」との共に生きる道を考えずには、「戦争は教室から始まる」という問題意識はありえないであろう。だからこそ私たちは、「障害児者」がどのように生かされてきたか、「教育」されてきたのかということをしっかりと見据えていないとならないだろう。そして現実をみると、今の私たちのつくっている社会での「生活」や「教育」も、まさに断絶しているのではなく、むしろそのまま連続しているままだと思えてしまうことに気づき、ため息がでてしまう。

「廃人学校」、役に立たない人間の学校、放っておくと何をするか分からないから「教育」してやろうという「社会防衛」の発想、今は違うと言えるだろうか。戦前・戦中の障害者たちの悲惨さが今はないと言えるだろうか。就学を猶予してやる、免除してやるという考え方は果たして変わってきているだろうか。今のように特別支援教育と言われても、ますます多くの子どもたちが選別され、個に応じた教育をするのだといっても、その裏にかつての「特殊教育の使命」の本音、「普通学級の効果をあげるために心身の故障者を除いて別な場で教育する」が透けて見えている。今はただ取り繕われているだけである。「特別支援教育」とされて、ますます社会防衛的に、勝手に「あなたのニーズ」を決めつけて、別な場所でやってくれという動きがすでに顕著になっている。それは、学力テスト、学校選択制、習熟度別学級の編成や発展的内容などによる市場原理主義による競争、ひとにぎりのエリート養成という普通学級の効果をねらって子どもたちを追い立てることと裏表になっているのである。

北村さんの話はこうしたことを十分に明らかにしてくれた。そしてそれに留まらないで、では、どうしたらいいのかを問うている。戦争への道を進む社会は障害児者を排除する。逆に言えば、障害児者を排除している社会は、いつか戦争への道に進んでいくのである。かつて国際障害者年のスローガンは「完全参加と平等」であり、障害者を排除している社会は弱く脆い社会であると言っていた。まさにそうなのだ。能力主義を支える「障害児教育」ではなく、共に学ぶ教育が共に生き合う関係をつくっていく。それこそが、能力主義、新自由主義による競争至上主義の不毛、「国のために役立つ子を育成する」教育を超える方法であろう。

第四回 勤評・学力テスト

——国家統制が強化されるとき、子どもの分断と教師への管理強化は同時に進む

はじめに

今日は、勤評・学力テストですが、当時半ばなりゆきで、行ってきたことをお話しするわけで、あたふたしています。

勤務評定から始めたほうがいいと思いますが、それと重なる学習指導要領告示の問題があります。当時のことは石川達三の小説『人間の壁』がありますし、映画にもなりましたので、それらを通して当時のことをお考えの方もいらっしゃると思います。

日本の教育は、一八七二年の学制施行以来ひたすら忠君愛国の色を濃くしてきましたが、特に一九四一年からの国民学校教育はすべて軍事的要求に応じるものでした。戦後の教育は、その教科書に墨を塗ることから始まります。今までの教育勅語一辺倒ではなくなったものの、現場でどういう教育をしていったらいいかというときに、一九四七年、教育基本法、学校教育法、そして前にも申し上げました学習指導要領の試案（資料1参照）というものが出てきます。試案ということは文部省がいろいろ用意はするけれど、それはあくまでも文部省の試案であって、実際に教育をするのは、教師であるあなたと机の前にいる子どもたちでつくっていくものだということが、その序論に書いてあります。これは今読むとほんとうに意味のあるものだと思います。

ところが、私が教師になったのは一九五〇（昭和二十五）年でしたけれども、分厚い試案を教科ごとにたくさん貰ったのですが、そのとき、「試案」ということの値打ちが分からなかったんです。それまでずっと言われたとおりにすることが身に付いているのです。自分で考えるということに、なじんでいないのです。貰ったとき、あ、試案か、じゃいずれ本物が出るから、今これいらないのねという感じで、どこかに放っておいたのです。今になってみると、あれは貴重なものだったと思うわけですけれど、そんな感じだったのです。今、間違っていたと反省したことが罷り通っています。私が試案の値打ちが分からなかったように、私の仲間たちもよく分からなかったと思います。国民も含めて。これをもっと大事にしておけば、こうはならなかったという気がします。

やがて、私たちなりに少しずつ分かってくるんですけれど、それは、皮肉にもそれを否定する反動的な人々の言動によって目覚めさせられたのでした。考えてみれば、戦後の日本の教育施策は敗戦による教育改革を認めず、戦前の忠君愛国教育を継続しようという動きに私たちが抵抗してきた歴史のようです。教育基本法は公布されたときから変えようという人がいましたし、一九五〇年には、吉田首相が東大総長南原繁の全面講和論を「曲学阿世の徒」と非難したり、天野文相が学校の祝日行事に「国旗掲揚・君が代斉唱」を勧める談話を発表します。同文相は五一年には修身の復活を訴えています。これに対して日教組は君が代斉唱に反対し、新国歌制定運動を起こします。国民歌として公募し、応募二〇〇〇点の中から「緑の山河」が選ばれます。当時の新国歌制定運動には個人的に若干の疑問をもっていますが。

朝鮮戦争のさなか、日教組はスローガンに「教え子を再び戦場に送るな」を掲げ、現場からは『山びこ学校』（無着成恭）、『山芋』（寒川道夫）の刊行など、抑圧されていた生活綴方運動の再興の機運も高まります。このように戦後民主教育は権力と拮抗しながら徐々に根付いていきます。その時期というのは長くは続きませんが、非常にやりがいのある時期だったように思います。

「学習指導要領の性格及び内容の主な特徴一覧」（資料2）は私が簡単にまとめたもので、学習指導要領の変遷だけです。この間に、いろいろな動きがあって、瞬く間に学習指導要領に現れてくるのです。五五年には「試案」という文字が消え、社会科を道徳を含みやすい形に変えます。五〇年代にあった自由研究というのはなかなか面白い教科だったわけなんですけれど、それもすぐになくなってしまいます。教師のほうは自由研究というのはどうやったらいいのかという戸惑いもあって、随分勉強させられたものなんですが。

学習指導要領告示――能力主義が「日の丸・君が代」を掲げてやってきた

最も大きな変わり目は、一九五八年の改訂です。官報に告示して、法的拘束力があると言い出します。未だにこれは論争されていますよね。法的拘束力があるのかないのか。まあ大綱的基準というところでしょうが。官報に載せたことで、拘束力があるといって処分も出ています。
五八年の改訂指導要領は、一言で言えば国家基準性を強化したことですが、他にも問題がありました。一つは道徳の特設です。この前年の五七年から講習会をして、現場でやるように指示をしていたわけですが、はっきり掲げられたのです。それと同時に、「日の丸・君が代」が学校行事のところに、「国民の祝日などにおいて儀式などを行う場合には、児童に対してこれらの祝日などの意義を理解させるとともに、国旗を掲揚し、『君が代』を斉唱させることが望ましい」と入ります。このころから地域や学校によっては「日の丸」を掲げ「君が代」を歌うところが出てきます。私の周辺では卒業式や入学式などに校長が「斉唱と掲揚」を提案し、職員会議で否決するという状況が続き、やがて職員会議で否決しても校長が揚げるようになり、校長が揚げた旗を降ろす事件が頻発します。一九八九年改訂以後は、抗議も処分覚悟でなければできなくなります。

五八年告示の学習指導要領のもう一つの問題は、能力主義です。戦後の民主教育を否定する人たちの意見が大きく入って、能力に応じた教育というのが始まります。当然産業界の要請で始まってくるわけです。基礎学力の充実というと悪いことではないように思いますけれど、何の条件整備もしないで基礎学力の充実といって、指導要領は最低の基準として教える内容を増やすと決めてしまったわけです。試案の段階では現場で地域や子どもの状況に応じて編成していたのですが、当然ついていけない子が出てきます。この学習指導要領が改訂されてまもなく、「落ちこぼれ」という言葉が出てきます。私も随分悩みました。「落ちこぼれ」をつくってしまって。たぶん私の教え方が悪いのかなと考えたものですが、無理に教えることを増やしているわけだから、できない子が出てくるのは当然なわけです。

そこで三回目のときにお話ししましたが、できる子とできない子を分けるという、能力・適性に応ずる教育の充実というのが出てくるわけです。できる子をもっとできるようにするためには、できない子を受け入れる別の場所が必要だということです。

この時期、たくさんの抗議や反対の行動がありましたが、東京葛飾区に住むNさん夫妻は小学生三人の娘さんの法廷代理人として、この学習指導要領の弊害（特に特設道徳、日の丸掲揚・君が代斉唱）が及ばないことを願って、それが違憲・違法であることを挙げ、訴訟を起こしました。私たちは保護者の中からこのような行動が起こったことに大変励まされましたが、考えてみれば教育の問題は子どもの問題であり、日本の将来の問題です。Nさんの提訴は当然と言えば当然のことですが、保護者の間からは中傷するような動きもありました。私たちの支援が及ばなかったせいもありますが、当時の教育界から敗訴の場合の影響を考えて熟慮を求められて取り下げました。

しかし、今その訴状をみると、判決の如何を問わず闘いの軸になり得たかもしれませんし、広くアピールすることもできたと思います。今でこそ、日本の司法の独立を疑いながらも権力を被告の座に据える裁判に訴える人がたくさんいますが、この傾向は家永三郎さんの教科書裁判あたりからのことです。家永さんが訴訟を起こされたのは一九六五年ですが、その頃傍聴に行くとき「裁判所に行く」と言うと、生徒たちから「何悪いことしたの」と返ってきました。裁判所と言えば裁かれるところと思われていたようです。

文部省は教育課程の改訂に先だって「小・中学校『道徳』実施要領」を通達し、反対のあるなか受講拒否者には職務命令を出させて伝達講習会を開いていました。この時期勤務評定と道徳教育・教育課程の押し付けは一体となっていました。一九五八年九月六日、文部省は道徳教育指導者講習会を、予定を急きょ変更して上野の国立博物館で行いました。予定のお茶の水大学で、早朝から待機していた日教組はじめ、反対する学生、市民はあわてて国立博物館正面玄関にかけつけたのですが、参加者は警察に誘導されて裏口から入ってしまいました。講習会は七、八、九日と続きましたのでずっと張り付いて抗議を続けるとともに、職場では時間割りに特設しない取り組みをしました。

翌五九年になると、文部省主催新教育課程講習会が行われます。これは東京学芸大学世田谷校舎でした。そのときも講習会阻止を目指したのですが、やはり裏をかかれました。悔し紛れに塀を乗り越えて会場に入ろうとして怪我をしてしまいました。ささくれた板塀が右腕に刺さりました。五〇年近く経ってもう二センチほどになっていますが、今も残っています。これは私一人がいきり立っていたわけでも勇敢だったわけでもありません。みんな阻止したかったのです。
五八年改訂指導要領は、一九六一年本格実施になりますが、その六一年から学力テストが始まります。

勤務評定——納得できないものを押しつけるには力が必要である

教育への国家統制が強められるときは、いつも教育内容とともに教師も統制の対象になります。それが勤務評定でした。これはその前年の一九五六年、野党が反対するなか、警官を導入して成立させた地教行法（地方教育行政の組織及び運営に関する法律）により任命された新教育委員の初仕事でした。

先頭を切ったのは愛媛県でした。表向きには赤字を出して地方財政再建法の適用県になったのを機に赤字対策として教職員の定期昇給抑制として打ち出しましたが、本当の狙いは組合対策、組合の分断・弱体化でした。当時の愛媛県の久松知事は松山藩主の子孫ですが、社会党推薦で当選した人で、五六年二月初め、第五回日教組教研全国集会が松山で開かれた際、宇野から連絡船で高松に上陸し、讃岐うどんを食べて、予讃線に乗って流下式塩田を眺めながら辿り着いた私たちを温かく迎え、全体会では熱い歓迎の挨拶をしたのです。それがあっというまに鞍替えしたのです。五七年の実施に当たって愛媛県教組は激しい反対闘争を展開しました。校長たちも組合員として勤評不提出で闘っていましたが、たちまち崩れてしまいます。日教組本部はもちろん各都道府県教組は支援体制を組みましたが、結局十二月には提出を終わりました。愛媛によって勤評が教員管理、組合つぶしに有効であることを確認した都道府県教育長協議会は「公立学校教職員の勤務評定試案」を作成しました。日教組は「非常事態宣言」で「教育の自主性を奪い、創意による闊達な教育実践を抑え教職員組合活動を封じようとする陰険な意図を含むもの」とおさえ、粘り強く闘うことを表明しました。

勤評実施は次々に決定されるなか、五八年四月十九日、私たちの仲間の教師尾崎正教が、教育庁敷地内で死をもって抗議しようとしました（資料3参照）。それは勤評実施への抗議と共に、教育委員に任命されて節操を捨てた木下教育委員長を糾弾するものでもありました。五八年四月二十三日には東京都教組が全一日の一〇割休暇闘争に入りました。官憲の介入もすさまじいものがありましたが、東京都労働組合連合会をはじめ多くの労働者や父母たちが支援してくれました。都の交通労働者は都電を止めて協力してくれました。私が働いていた大田区では大森三中一校を除いて見事に決行しました。続いて福岡・和歌山・高知が一〇割休暇闘争を組むなど全国的に反対行動は激化しました。九月からは日教組が全国統一行動を四波にわたって行いました。総評は日教組の行動に合わせて組合員の子どもを欠席させる方針を出したり、学者・文化人が斡旋にのり出すなど、様々な動きがありましたが、灘尾文相は勤務評定実施に固執しました。

以後、都道府県、市町村ごと実施されていきました。様々な弾圧があるなか、組織が大変な痛手を受け、多くは人事や給与に利用されないというところで闘いをやめざるを得ませんでした。東京の場合も公表しないこと、人事・給与に使わないこと、すなわち実害がないことを確認して終わったのですが、やはりつけが今日の現場に回っていると思います。

当時を語るとき、「あの時点で組合は終わった」と言う人がいます。地域の人たちです。その時点で組合組織が壊滅状態になったと思っていますが、私はその時点から組合運動の真価が問われるようになったと思っていますが、総体として組合員はよく闘ったけれど、結果として教師の活動を萎縮させたことは事実です。

今考えると、自分ながら健気だったと思います。しかし、あの闘い方でよかったのだろうかと思うことがあります。教師の勤務評定が、これからの教育にとって弊害があると、職場の討論のなかで確信をもって、自分たちでビラやポスターや手紙などを作ったものです。一人ひとりがみんな手書きで。ちょうど蒲田の近くの、東京計器の組合が私の担当の一つでした。ガリ版刷りのビラを持って行って配ります。集会を持てば家族の方たちも参加してくれました。そこで人を育てる教育の仕事というのは評価が難しい、実施すれば子どもたちによくない影響が予想されることを訴えるのです。すると聞いている人の中から「どこの会社にも人事考課があります」「どうして教師の勤務評定だけが問題か?」という声が出ました。東京計器では飛行機の計器を作っていました。私は不遜にも、その製品の善し悪しはすぐ分かるんじゃないですか、だけど教師の仕事というのは、子どもたちが大きくなって、すなわち十年、二十年先になって分かるのだから評価できない、無理に実施すれば一方的に評価された教師が子どもに臨むことで起こるであろう問題を話し、ひいては日本の教育の方向を誤るものであることを話していきました。それを繰り返すうち、みんな納得してくれ支援にかかわってくれました。

今思うと、それでよかったのかな、という思いがあります。上司が部下を評価するということについて、それは鍋釜を作る人であれ、何する人であれ、やっぱり問題があるのではないか。あなたたちの勤評そのものにも問題があるでしょう、一緒に考えよう、という闘いを組むべきだっただろうと今は思っています。恐らくその時点では、子どもの未来にかかわるということで支援して下さったのであって、先生たちの仕事は別だと本当に思ってくれたんだろうかと、考え続けています。上司という人が部下にする人事考課には、どこの職場でも不平不満はあっただろうと思うんです。教員特有な面もありますが、労働者に対する評定としては同様に考えるべきだろうと思います。勤務評定闘争は大勢の犠牲者を出した大変な闘争でしたが、私としては十分闘いきれず、今の現場につけを回しているようで気が引けています。

文部省全国一斉学力テスト——普通児を入れて「振興」する香川の特殊学級

学習指導要領を官報に告示して教育内容を拘束し、勤務評定で教員を服従させ、その「成果」を確かめるのが一九六一年から始まる全国一斉学力テストでした。実施されると、教員同士、学校同士、自治体同士の競い合いになりました。

第一回では青森県が最下位でした。同県の知事は発表の翌日に校長会を招集し「わが県の恥である。学力向上を県政の柱にする。教師諸君がんばれ」と檄を飛ばし、学力向上推進本部を設けました。香川県はたびたび日本一でした。テストの練習に明け暮れ、「テストあって授業なし」の毎日になりました（資料4参照）。特殊学級の増設が進みました。特殊学級籍の子は精神薄弱（当時の用語）とみなされ、テストの対象から外されました。クラスの平均点を一点、二点上げるのは容易なことではありませんが、点の取れない子を排除すれば効果覿面です。

一九六四年、現地に入った「香川・愛媛『文部省学力調査問題』学術調査団」(団長・宗像誠也)は調査の結果を

「一、準備教育が常識の域を超える行政指導で行われている。

二、学校が『テスト教育』体制になり人間として重要な資質の形成がないがしろにされている。

三、このような行政指導に現場教師は疑いや批判を抱きながらもどうすることもできない状態に追い込まれている。

四、学力テストが教師の勤務評定と結び付いて教育を『荒廃』させている。不正な手段も多く、教師の人権の剝奪が、教師の権威の喪失、子どもの正義感の破壊に連なっている。

五、このような遺憾極まる状況の中、少数ながら、子どもを愛し、民主教育を守ろうと圧迫にたえて努力をしている教師・父母がいる。ここに一条の光を見いだす。われわれはその光が消えることなく、また、たえず大きくなっていくことを願う。」

と、言っていますが、その報告書には、次のような箇所もあります。

「障害児教育について香川は力を入れているといわれています。事実、特殊学級は昭和四四年五月現在、小学校二二一校中一七一校、中学校九三校中八七校、合計三一四校中二五八校もあって、実に六校中五校が少なくとも一学級はもっていることになっています。これはおそらく、日本一の普及率でしょう。

ところがその特殊学級に入る子どもは『わたくしたちのきき得た情報によりますと、学級の中で知能指数七五～一〇〇あたりの子どもが、その候補として眼を向けられる。ないし学力テストの最低点をとった子どもが特殊学級いりをすすめられるということでした。さらに情緒不安定な子ども、どうかすると非行に走る子どもなども含まれるという具合であります。ですから、そこには心身障害のため、普通学級に適さない者のための特殊学級ではなく、知能的に障害のない生徒

や情緒障害者たちでの編成となっている現実が多い』という教師の報告もあります。」

混乱は香川、愛媛に限りません。日教組は組織を挙げて阻止に取り組みました（資料5参照）。阻止しようとする教員が処分され、撤回を求める「学テ裁判」も各地で起こりました。裁判では反対運動の公務執行妨害や争議行為の扇動の如何を問うにとどまらず、テストの合法性を巡って教育基本法第十条に規定する教育行政による「諸条件の整備」に当たるかどうかが争点になりました。このような混乱を反省して、六五年は抽出調査にして、六六年でやめた学力テストです。

それをまたこの二〇〇七年四月二十四日、四〇年振りにやろうというのです。何の根拠があってのことでしょうか。文科省は目的を「児童生徒の学力・学習状況を把握・分析することにより、教育および教育施策の成果と課題を検証し、その改善をはかる」としています。

六〇年代の学力テストもほぼ同様の目的を示していましたが、競争を煽っただけで有効に施策を改善した事実はありません。狙いは競争によるテスト学力の向上としか考えられません。百歩譲って文科省の言う目的を信じたとしても悉皆調査である必要はありません。調査としてもそのほうが正確だろうと思われます。

学力テストの実施主体は文科省ですが、参加主体は、自治体、学校、個人です。当然個人でも、学校の段階でも、自治体の段階でも、参加を拒むことができます。でもほとんど参加します。それは強制に近い呼びかけが行われた結果に違いありませんが、参加主体が主体的に判断していないところに大きな問題を感じます。参加するところのほとんどは十分な論議をしていません。

自治体で唯一つ参加しない犬山市の教育委員会は二〇〇七年四月一日、『全国学力テストに参加しません』という本を出版しましたが、それには地方分権下、地域の価値観に基づく教育改革を進めてくるなかで、全国学力テストが公教育の健全な発展に不要かつ有害であることが明らかにされ、不参加に至った経過が書かれ、さらにはそれぞれの学校がそれぞれの実情に基づいた取組みをするよう訴えられています。

私立の学校では、六割ぐらいしか参加しません。私立の参加しない学校の先生の話も聞きましたが、参加しないという学校はきちんと話し合いをしています。私立と言えども何度も県教育局から勧めがあり、そのなかでまともな話し合いをするのは相当な困難があったということでした。すなわち参加した学校に比べれば参加しなかった学校のほうがはるかに教育的だったと思います。

それに今回の場合は、単に学力テストだけの問題だけではありません。学力・学習状況調査ですから、このことについてはいろいろ伝わっていますし、今朝の『朝日新聞』にもありました。文科省のホームページを開くと予備調査の内容が出てきます。予備調査では学習状況調査と称して「お家に本が何冊ありますか？」「家族で演劇鑑賞に行きますか？」とか、「家族に愛されてますか？」など、子ども・保護者のプライバシーにかかわるような質問項目が挙げられています。さすがに実際の段階では、予備調査で評判が悪いので、同じ質問はしないでしょうけど、そもそも専門家会議で決めた項目が実施要領には入ってますので、似たようなことが行われると思います。もう一つ問題なのは、児童・生徒対象以外に、学校調査があります。校長が記入する調査で、あなたの学校は習熟度学習をやってますかとか、体力テストをやってますかとか、というのを学校長に書かせる。学校管理調査です。校長評価にもなりましょう。そのとおりにしなければ書けませんから、つけは子どもたちにきます。予備調査の問題と、状況調査と、学校調査のコピーをご覧下さい。

学習状況調査で言えば、学力と環境との関係が非常に深いことは文科省の調査で十分分かっています。家庭の学習状況・貧富の差によって、あるいは文化状況の差によって実際に学力に差が出てきていることは、明らかになっています。文科省調べでも、民主党の調べでも。ですから、分かりきったことですが、学力を上げたければ環境の格差を解消すればよいのです。それを子どもに聞こうというのです。

子どもがみんな嘘を書いてくれればいいかなとか、斜線引いて抗議の意思を示してくれればと思いますが、従順に書く子もいるでしょうね。書くときにつらい思いをするんでしょうね。家には漫画の本しかない子のために、それは数に入らないと書いてあります。一度もお芝居を見にいったことがない子どもたちがいます。そうでなくたって、学校でいやな思いをしている子がいっぱいいるのに、これ以上に国を挙げて子どもにいやな思いさせる必要があるのでしょうか。いやな思いをするのは子どもだけではありません。このところの住宅情報誌には「区一番の小中学校」などという記事があります。テストの成績が土地の値段も左右するようです。

今、あらためて一九六〇年代の学力テストの弊害を考えると、

一、能力による子どもの分断が進んだ。

・特殊教育を受ける児童・生徒（養護学校や特殊学級に在籍して学力テストの対象にならない）の増加。

	全児童・生徒数	特殊教育対象児	割合
一九六一年	一九〇〇万人	六五六七六人	〇・三五％
二〇〇六年	一〇六九万人	一六一六七〇人	一・五一％

（実施の〇七年はさらに増加している筈です）。

・高校の多様化が進んだ。高校三原則（小学区制、男女共学、総合制）の崩壊。

・文部省、「心身に異常があり修学に堪えないと認められる者、高校の教育課程を履修できる見込みのない者を入学させることは適当でない」という通達を出す。

二、勤務評定と相俟って教員同士、教員と児童・生徒、教員と保護者の信頼関係の崩壊。

があげられます。このような現象は四〇年間進み続けてきましたが、今回の調査が一層の拍車をかけることは確かです。さらに、

三、今回の学力・学習状況調査が六〇年代の学テと大きく違うのは教育産業の参入です。

六五年の学力テストで、校長は反対する私に採点を命ずる職務命令を出しました。拒否した私は処分を受けました。今次（二〇〇六年の予備調査から〇七年の本格実施まで）は、採点を始め、集計、教委・学校などへの調査結果の提供などはすべて業者に委託されます。多くの応募者の中から、小学校はベネッセコーポレーション、中学校はＮＴＴデータが選ばれました。文科省は二〇〇七年度予算に「全国学力・学習状況調査」関係として、一一五億円余を要求しています。内訳は

・全国学力・学習状況調査の実施

九六億四五〇〇万円

・全国学力・学習状況調査の実施に係る技術基盤構築

二億六六〇〇万円

・全国学力・学習状況調査の結果に基づく検証改善サイクルの確立に向けた実践研究

一六億四二〇〇万円

計　一一五億五三〇〇万円

です。日本の教育が教育産業なしには成り立たなくなっていることは確かなようですが、教育産業のためにもテストはしなければならないようです。

企業にテストの大部分を委ねることは、直接手を汚す部分が少ない分、教員の罪悪意識を薄めているのではないでしょうか。今回のテストについて個人的ないらだちも含めて思うのは、六〇年代に比べて飛躍的に多くなっているテストそのもののもつ問題点に対する批判の弱さと抵抗勢力の弱さです。次年度までにどう構築していくかが課題です。

資料1　学習指導要領一般編（試案）文部省

一九四七（昭和二十二）年三月二十日

序論

一　なぜこの書はつくられたか

いまわが国の教育はこれまでとちがった方向にむかって進んでいる。この方向がどんな方向をとり、どんなふうなあらわれを見せているかということは、もはやだれの胸にもそれと感ぜられていることと思う。このようなあらわれのうちでいちばんたいせつだと思われることは、これまでとかく上の方からきめて与えられたことを、どこまでもそのとおりに実行するといった画一的な傾きのあったのが、こんどはむしろ下の方からみんなの力で、いろいろと、作りあげて行くようになって来たということである。

これまでの教育では、その内容を中央できめると、それをどんなところでも、どんな児童にも一様にあてはめて行こうとした。だからどうしてもいわゆる画一的になって、教育の実際の場での創意や工夫がなされる余地がなかった。このようなことは、教育の実際にいろいろな不合理をもたらし、教育の生気をそぐようなことになった。たとえば、四月のはじめには、どこでも桜の花のことをおしえるようにきめられたために、あるところでは花はとっくに散ってしまったのに、それをおしえなくてはならないし、あるところではまだつぼみのかたい桜の木をながめながら花のことをおしえなくてはならない、といったようなことさえあった。また都会の児童も、山の中の児童も、そのまわりの状態のちがいなどにおかまいなく同じことを教えられるといった不合理なこともあった。しかもそのようなやり方は、教育の現場で指導にあたる教師の立場を、機械的なものにしてしまって、自分の創意や工夫の力を失わせ、ために教育に生き生きした動きを少なくするようなことになり、時には教師の考えを、あてがわれたことを型どおりにおしえておけばよい、といった気持ちにおとしいれ、ほんとうに生きた指導をしようとする心持を失わせるようなこともあったのである。（以下略）

資料2　学習指導要領の性格及び内容の主な特徴一覧

発行年版	性格及び内容の主な特徴
1947年版 (47)	文部省が表紙に「試案」と明記し「教師の手びき」として刊行。一般編のあと各教科・科目編が刊行される。修身・公民・歴史・地理に代わって、戦後の花形教科としての「社会科」のほか「家庭科」「自由研究」などが、新登場。
1951年版 (51)	「各教科に全国一律の一定した動かしがたい時間を定めることは困難である」として、教科を四つの大きな経験領域に分かち、時間を全体の時間に対する比率（例えば第5・6学年の場合、国語と算数で40%～35%）で示した（小)。「自由研究」がなくなり特別活動が登場。
1955年版 小中＝社のみ (55) 高（56)	「試案」の文字を消し法的拘束性の主張を開始、小学校社会科で「天皇の地位」が登場（安藤（文部大臣）通達)。中学校社会科の指導事項を地理的分野、歴史的分野、政治・経済・社会的分野の三つとする。高校社会科から「時事問題」が消える。
1958年版 58=小（61) 58=中（62) 60=高（63)	官報に「文部省告示」として公示し、法的拘束力を付与。小・中学校に「道徳」を特設（高校では「倫理・社会」の設置)。教育課程の編成を、各教科並びに道徳・特別教育活動及び学校行事等の4領域で構成する（小・中。私立学校の場合、宗教を加えることがきる)。初めて「君が代」(小・音楽)「国旗を掲揚し、『君が代』を斉唱させることが望ましい」(小・中の学校行事）との文言が登場。「最低の基準」であることを強調。基礎学力の充実・能力・適性に応ずる教育の重視。
1968年版 68=小（71) 69=中（72) 70=高（73)	教育課程の構成領域を、各教科・道徳・特別活動の三つとする（小・中)。授業時数を「最低」から「標準」へ。小・社会科で神話教育復活。算数に集合・関数・確率の概念を導入し、落ちこぼれ問題・「能力・適性」の名の選別強化。中・社会科に「公民的分野」。
1977年版 77=小（80) 77=中（81) 78=高（82)	キャッチフレーズ「ゆとりと充実」・高校進学率急上昇で小・中・高校の一貫性を強調。総則から教育基本法の文字を削除。授業時数の削減と内容の精選。君が代の「国歌化」。高校で「現代社会」必修と習熟度別学級編成の導入。
1989年版 89=小（92) 89=中（93) 89=高（94) 89=幼（90)	国家主義的道徳教育の強化。高校社会科を解体（再編）し、「地理歴史科」と「公民科」に。小学校低学年の社会科と理科を廃止し「生活科」を設置。「国旗・国歌」の指導を強制。中学校の選択教科もすべての教科に拡大。保健体育の「格技」を「武道」に改める（中・高)。高校で男子も家庭科必修。 《「国旗・国歌」に関する表現》

	「入学式や卒業式などにおいては、その意義を踏まえ、国旗を掲揚するとともに、国歌を斉唱するよう指導するものとする」（小・中・高等学校の各学習指導要領における「特別活動」の「第3 指導計画の作成と内容の取り扱い」）
1998年版 98=幼（99） 98=小（02） 98=中（02） 99=高（03～）	国家主義的道徳教育強化。「国旗・国歌」の指導強化。 週5日制に対応し教科内容3割減。総合的な学習の時間（小学校3年以上、週3時間くらい）。クラブ活動、小学校は授業時間外とし、中・高校は廃止。中学校選択教科拡大。中等教育学校（中高一貫校）導入。中学校技術家庭科で電子メール必修。高校の習得単位を74単位に（現80）。 《「国旗・国歌」に関する表現》 「入学式や卒業式などにおいては、その意義を踏まえ、国旗を掲揚するとともに、国歌を斉唱するよう指導するものとする」（小・中・高等学校の各学習指導要領における「特別活動」の「第3 指導計画の作成と内容の取り扱い」）
2003年版 （04）	一部改訂 歯止めの規定を変更して発展記述を認める。 習熟度別指導など個に応じた指導の充実。 総合的な学習の充実。

*（　）内の数字は実施年度

資料3　勤務評定に反対して自殺をはかった尾崎正教さんの遺書（一九五八年四月十九日）

（内田宣人著『ある勤評反対闘争史』新泉社刊、より）

（木下一雄都教育委員長あての遺書）

つくづくばからしく思います。

普通の闘争であったならいくら激昂していてもこのような非常手段はとらなかったでしょう。尊敬している人に失望したとき、人間がこんなにもろくなるものかと驚いています。せめて一時的感情にかられてこのような死を選んだのではなく、最後まで自分の意志を統御しながら死を迎えたいと思います。

木下さん。

あなたが校長会において、私達の今度の闘争が私達の考えとは関係なく、組合の一部の者の指令にかられて行動しているといわれたことを校長から伝えられて、あなたまでが（このような権力機構の中に入ると）私達後輩の気持からこんなにも遠く離れるものかと悲しくなってしまいました。教育学者であるあなたが、私達現場の教師がこぞって反対し、かつての同僚同志であった全国の学者グループが民主主義教育の破壊であると主張している道徳教育を特設し、あれほど教育界を混乱させた勤務評定をおしつけて、教師の自由を奪おうとされるとは私達の中の誰が考えたでしょうか。私達にも現在のあなたの立場のむずかしさはわかります。しかし今考えてみますと、あなたにとっては、任命制の教育委員に就任されたときに既に今日のことをお考えになってよかったのではないでしょうか。そして私達は今日のような重大な地点に立ったとき、あなたは教育者として、教育を政治の権力干渉から守っていただけると期待していました。

私はまだ幼かったのですが昭和七、八年頃から、子供のこととていわれるままに戦勝に拍手しながらも、何かわからないままに学校が次第に不自由の雰囲気に包まれていくことにいいしれぬ不安にかられたことをおぼえています。今私は教職の場にあってそれが何であったかをひしひしと感じていますが、あなたはそれ以前から教育の歴史としてもっとはっきりと、知っていらっしゃる筈です。教育学者が学問の節操も同僚の忠告も、後輩の期待もふりすてて政治権力に屈従して、これが道義にかなうといえるでしょうか。教え子たちの教育的良心を政治権力に売り渡してそれが教育愛といえるでしょうか。

私のこのような行動を人間性を無視した、おぞましいこととお感じになることでしょう。しかし時の流れがこれほど激しく、自由が次々に侵されていくとき、あなたまでが黒い衣をまとわれた現在では、一人の自由を愛する人間が自分のなしうる最大の行動をもって抗議しないではいられないのです。

（長谷川正三都教組委員長あての遺書）

長谷川さん。

考え方によれば、闘争の手段に生命をもてあそぶようで、甚だしく卑劣な行為のようにも思われます。しかし、時の流れのテンポがあまりにも早く、権力の力があまりにも大きく、大衆は真実を知ることあまりにも遠い場合には、このような非常手段をとることもやむをえないのではないでしょうか。

　私は私の死を、死体を解剖の資料に提供するように、闘争に提供したいのです。現在の所世人のストライキに対する評価はあまりに低く、殊に教師に対しては異常な罪悪感をもって臨みます。これらの人々に対して、私達の闘争が教育の将来に対して、真剣に考えた結果であり、教育に対する政治の干渉がいかに危険なものであるかを考えていただきたいためです。私の死が、世人の非難の的になるようにではなく、私の死が一つの足がかりになればと望みます。

資料4

　一九六五年明治図書刊の『学テ日本一物語』によれば、次のような一数学教師の記録があります。これを見ると、この学校では、六四年の六月、数学の授業はテストの練習ばかりで、正規の授業は文部省一斉学力テスト後に一～三時間しか行われなかったということです。

　このように文部省一斉学力テストは生徒の学習をゆがめるだけでなく、次のようにテスト代として家庭の経済的負担も強いてきました。

数学科進度表（六月）一数学教師の六月における授業記録

日	曜	A組	時間	B組	時間	C組	時間	D組	時間
1	月	平方根	1	テスト	1	分数式	1	テスト	1
2	火					テスト	1	テスト	1
3	水			テスト	1	テスト	1	テスト	1
4	木	練成テスト	1	練成テスト	1	練成テスト	2	練成テスト	1
5	金	練成テスト	1	練成テスト	1	練成テスト	1	練成テスト	1
6	土	模擬テスト							
7	日								
8	月	練成テスト	1	練成テスト	1	練成テスト	1	練成テスト	1
9	火			練成テスト	1	練成テスト	1	練成テスト	1
10	水			練成テスト	1	練成テスト	1	練成テスト	1
11	木	練成テスト	1	練成テスト	2	練成テスト	1	練成テスト	1
12	金	練成テスト	2	練成テスト	1	練成テスト	1	練成テスト	1

日	曜	科目	数	科目	数	科目	数	科目	数
13	土			練成テスト	1	練成テスト	1	練成テスト	1
14	日			模擬テスト					
15	月	練成テスト	1	練成テスト	1	練成テスト	1	練成テスト	1
16	火			練成テスト	1	練成テスト	1	練成テスト	1
17	水			練成テスト	1	練成テスト	1	練成テスト	1
18	木	模擬テスト							
19	金	練成テスト	1	練成テスト	1	練成テスト	1	練成テスト	1
20	土			練成テスト	1	練成テスト	1	練成テスト	1
21	日								
22	月	練成テスト	1	練成テスト	1	練成テスト	1	練成テスト	1
23	火			文部省学力テスト					
24	水			文部省学力テスト					
25	木			休業日					
26	金	調査	1	調査	1	調査	1	調査	1
27	土			テスト	1	テスト	1	テスト	1
28	日			学力テスト採点					
29	月	連立方程式	1	連立方程式	2	連立方程式	1	連立方程式	
30	火			連立方程式	1	連立方程式	1	連立方程式	1
計			12		22		22		22

三年五月特別集金

集金額六一〇円

わたしの歩み　理科プリント　音楽基礎練習

数学演習　学級章プリント　英語テスト

数学練成テスト　英語ドリルブック　国語積み上げテスト

社会分析テスト　英語積み上げテスト　国語診断テスト

社会分析プリント　中英の基礎テスト

国語学習練成テスト

三年五月特別集金領収書

金六一〇円也

上記金額たしかに領収しました。

昭和三十九年　月　日

担当氏名

生徒氏名

資料５　学力テストに反対する岩手県教組のビラ

子どもの世界に差別をもちこむな

父母の皆さん、中学学力テストで正しい子どもの能力はつかめません

◆今度の斗いに「子どもをまきこむな」という声がではじめている まきこんだのは文部省自体であることをはっきりさせよう

勤評にしろ、教育課程にしろ教育支配を強化し、子どもたちに体制側の意図をうえつけさせようとしていることは事実だが、間接的であるのに、学力テストは直接子どもを対象にするこの政策の一かんに、子どもをくみ入れるということで、責任は文部省自体にある。

◆調査がなければ施設々備の充実は、はかれないか

理科設備にせよ、産業教育にせよ、へき地教育の充実にせよ、本当によく考えてみれば調査なしでもその充実ははかれる。「何をどう教えるか」を考えるとき必要なものは出てくる筈だ。これがたてまえなのに（調査は全く無意味だとはいわないが）調査オールマイティという考えはあやまりだ。

◆学力調査は教育テストでなくて「コンクール」だ

子どものおかれている条件が、ちがうのに、得点によってその子どもの全国における位置を表示しようとするのが今度の調査だ。比較は同一条件のもとで、はじめてできることで意義がある。だから生のままで全国水準との比較は本当は非教育的で正しい子どもの能力はつかみ得ない。つまりはコンクールだ。「コンクール」に何で文部省のようなこまかな規制がいるのか

岩手県教員組合

告示

ただいま授業中ですから何人といえども教室への立入りはおことわり致します。かりに一方的に立入られる場合には授業の妨害となりますので法律上の問題として処置せざるを得なくなりますから念のため申上げます。

担任

テストを拒否して平常授業を行う教師が教室の入口に貼ったもの

中学三年のみ調査

おそろしい学力調査

家庭の経済的条件を記入し、経済差別をもちこむ

戦時中を……おもいだします

総動員法の基礎資料とおなじ？

C表、教科別得点と個人的条件に関する生徒個票……㊙

C表、教科別得点と個人的条件に関する生徒個票　（秘）

学校名	学年 組
	学年 組

生徒氏名	性別	a 教科別得点						
	男 女	国語	社会	数学	理科	英語	計	5（4）教科平均
生徒番号								
番								

b 家庭の経済的条件		C 心身障害者					
1 全日制高校へ進むに支障ない見込	2 全日制高校へ進むことが困難の見込（1 要保護 2 準保護 / 2その他）	1 し体不自由	2 弱視	3 難聴	4 言語障害	5 精神薄弱	6 その他

本性あらわした政策テスト

主権者は知る権利がある

なにに使われるのか？

憲法違反・基本的人権の侵害

教師は憤ります

そして学力調査を拒否します

岩手県教員組合

第四回「勤評・学力テスト」感想

偏差値で序列化されることに慣らされた感性は、社会格差を是認する土壌になっている

松本和史（「日の丸・君が代」の法制化と強制に反対する神奈川の会）

学力テスト開始が近い時期だったが、質疑においては学力テストのことより勤務評定のことに討論は集中した。特に東京都で教員を勤める青木さんは、勤務評定のころは膠着していた人事考課が都教委によってどのように教員免状制導入に辿り着いたかということを説明した。教育三法などの改悪によって、今までは分限免職という処分が重かったのに、これからは教員身分のままで解雇できるという話が、やり方の陰湿さゆえに恐ろしかった。

学力テスト拒否の愛知県犬山市の話題だけでなく、生徒の親、あるいは自治体レベルで生活調査の実施、得点、平均点の公表に反対する動きはあった。質疑のときにもこれらのことには触れられたが、第三回目で学力テストの点数アップと特殊学級による成績不良者の排除について紹介されたわりに、学力テストを実施しようとする動きにどう対抗するのかという議論は進まなかった。

またある参加者の質問から、戦前と戦後で教育の質が変わったのかという意見交換が熱を帯びた。第四回のテーマに限られない重要な話であるが、戦前を知らないものにとって他人事のように感じてしまうのは、認めたくないが本当のことだ。

学力テストが問題意識を引き起こさなかった理由は、テストによる序列化、受験産業の浸透に慣れ切ってい

る人の割合が多数になったことが大きいのではないか。それは所得階層の高い家庭の「お受験」騒動という滑稽さだけで終わらせてはならないように思う。

私も小学校のとき、公立中学の「校内暴力」が取り沙汰されたころ、学習塾に行かせてもらった。必勝の鉢巻を締めた生徒が、開成中学など東大進学率の高い「御三家」に合格するぞと教室でシュプレヒコールを上げたことが思い出される。夜十二時まで勉強しなさいと言われて、電話で確認されるも必ず寝ていたということもあり、学習塾の資金源に過ぎなかった。

中学校ではスポーツ部活動に明け暮れたが、やはり学習塾に通った時期があった。神奈川県では、公立高校受験のためには中学校二、三年の内申書、二学年末の「アチーブメント・テスト」の点数が七割を占める。三年生の受験の前に大勢は決しているため「神奈川方式」と呼ばれていた。中学校内で席次を意識するのは「横浜市学力診断テスト」の結果を知らされるときだけだったと思うが、学習塾での成績公表と習熟度別クラス編成は露骨だった。

「神奈川方式」は教室管理の観点では有効な方策だったのかもしれないが、弊害も明らかにあった。中学校一年のときはおとなしかった裕福な家庭の友人の一部は、二年ごろから「グレ」始めて、卒業時には対応に困った学校が簡単に警察を導入するということもあった。また自分が急遽「輪切り」されて受験した公立高校を不合格になった親しい友人は私立高校に進学したが、以来会話することもなくなり、そのうち彼はバイク事故で亡くなってしまった、ということもあった。

高校では無気力な毎日を過ごしていたし、進学熱は低い学校だったので、地道に勉強して点数を取ることは何か恥ずかしい、中退して働きたいという思いもあった。だがのらりくらりと卒業してしまい、内心、偏差値の高い大学に入りたいという「野望」も捨てないまま受験浪人生活に入った。

結果的には十代の間に何を勉強したいのかという希望を見出すこともできず、「バブル崩壊」と就職氷河期を経て現在に至った。だが、点数、偏差値で輪切りされることが当たり前の感覚は、自分の中から大事なものをそぎ落とし続けているようだ。

そこで、小夜さんが一九六一年導入時の採点拒否、実施阻止などの日教組の教員の実力行動の様子を聞かせてくれたことは貴重なことであった。偏差値万能に毒されていた当時、学校の授業は軽視される傾向もあったが、もし教員が実力闘争を目の前で繰り広げていたら、自分はもう少し変わっていたのだろうか、と思い浮かべてみた。少なくとも体を張った大人の姿を、子どもはよく覚えているものだと自分でも思う。

テストの成績以外に自分を確認するすべがないという生活を送った人は、前の世代、外国の人と比べてスケールダウンした自分というものを痛感せざるを得ない時期が来る。それを正当化するために戦争と国家を美化する人材（例　安倍前首相）が生まれるのだとすると、その危険を押し返すためにも学力テスト批判は行われなければならない。

数字で序列化されて違和感を持たない感性は、労働現場で賃金、待遇の格差を是認する土壌ともなっている。学生をテストの点数だけで、労働者を人事考課の点数だけで細切れにすることに反対、なんていう世代を超えて取り組める運動をつくれると楽しいと思う。来れ、テストの点数、給料の額の差が気にならないと皆が思える社会。

第五回

学校行事　日の丸、君が代、天皇制

——行事を通して浸透する天皇制、戦争遂行体制

戦争遂行のための学校行事

こんにちは。ながながとお付き合いいただき、ありがとうございます。六回のうちの五回目になりましたので、あれもこれもと思って、今日もごちゃごちゃと資料を用意しましたけれど、まとまらない話にならないか、心配しています。今日は、主に学校行事のことについて話したいと思うのですが、大まかに言えば、教育を通じて国家に帰属意識を持たせるために、どんなに学校行事が有効であるかということを、お話しできたらいいと思っています。

きょうは五月二十六日です。明日は海軍記念日だったなと思ってしまいます。一九〇五（明治三十八）年、日露戦争における日本海海戦で勝利した日で、学校では三月十日の奉天入城の陸軍記念日とともに軍国日本の偉業が語られ、子どもたちの愛国心を沸き立たせる日でした。話すのは校長や教員だけでなく勲章をぶら下げた小父さんが来ることもありました。

学校には行事がたくさんありました。教育勅語が公布されたのは一八九〇（明治二十三）年ですが、その次の年に、儀式規定というのを出しています。一八九三（明治二十六）年には、式典唱歌八曲、式典のときに唱う歌が官報に告示されています。

それが戦時色を強めながら、私たちが教育を受けた時代に続いてくるわけですけれども、極端に進んでくるのは、一九四一（昭和十六）年、国民学校になったときで、国民学校施行規則第一条六項に「儀式、学校行事等ヲ重ンジコレヲ教科ト併セ一体トシテ教育ノ實ヲ擧グルニ力ムヘシ」と明確に位置づけています。

戦前、祝日は四大節といって、新年、紀元節、天長節、明治節でした（資料1参照）。祭日は元始祭、春季皇霊祭、神武天皇祭、秋季皇霊祭、神嘗（かんなめ）祭、新嘗（にいなめ）祭、大正天皇祭（先帝祭）で、すべて皇室行事です。祝日は式があり、祭日はお休みですが前日にお話がありました。

第十六　祝日

わがくにの祝日は新年・紀元節・天長節・明治節でございます。新年は年のはじめを祝ひ、紀元節は神武天皇がごそくゐの禮をおこなはせられた日を祝ひ、天長節は天皇陛下のおうまれになつた日を祝ふのでございます。又明治節は明治天皇の御恩をあふぎ、明治の御代の榮を祝ふ日でございます。

資料１　第三期国定教科書『修身書　巻三』

一月一日　（千家尊福）

一　年の始めの　例とて、
終なき世の　めでたさを、
松竹立てて、門ごとに
祝う今日こそ　楽しけれ。

二　初日のひかり　さし出でて、
四方に輝く　今朝の空、
君がみかげに　比えつつ
仰ぎ見るこそ　尊とけれ。

［官報第三〇三七号付録］明治二十六年八月

紀元節　（高崎正風）

一　雲に聳ゆる高千穂の、
高根おろしに、草も木も、
なびき伏しけん大御世を
仰ぐ今日こそ、たのしけれ。

二　海原なせる埴安の、
池のおもより猶広き、
恵みの波に浴みし世を、
仰ぐ今日こそ、たのしけれ。

三　天つ日嗣の高御座、
千代よろずに動きなき、
基定めしそのかみを、
仰ぐ今日こそ楽しけれ。

四　空にかがやく日のもとの、
よろずの国にたぐいなき、
国の御柱たてし世を、
仰ぐ今日こそ、たのしけれ。

明治二十一年二月

天長節　（黒川真頼）

今日の吉き日は、大君の
うまれたまいし　吉き日なり。

今日の吉き日は、御光の
さし出たまいし　吉き日なり。
光遍き　君が代を
祝え、諸人　もろともに。
恵み遍き　君が代を
祝え、諸人　もろともに。

［官報第三〇三七号付録］明治二十六年八月

明治節　（堀沢周安）

一　アジアの東　日いづるところ
聖の君の　現れまして
古き天地　とざせる霧を
大御光に　隈なくはらい
教えあまねく　道明らけく
治め給える御代　尊

二　恵みの波は　八洲にあまり
御稜威の風は　海原越えて
神の依させる　御業を弘め
民の栄ゆく　力を展ばし
外国国の　史にも著し
留め給える　御名　畏

三　秋の空すみ　菊の香高き
今日のよき日を　みな祝ぎて
定めましける　御憲を崇め
さとしましける　御勅を守り
代々木の森の　代々とこしえに
仰ぎ奉らん　大帝

昭和三年、秋

儀式・行事と言えば祝祭日のほかにもいろいろありました。まず皇室国家的なものとして、四月には四月三日、神武天皇祭、四月二十九日、天長節があり、靖国神社の例大祭があります。五月になると、「青少年學徒ニ賜ハリタル勅語」の奉読式があります。海軍記念日があります。「青少年學徒ニ賜ハリタル勅語」とは、一九三九（昭和十四）年五月二十二日に出された「國本ニ培ヒ國力ヲ養ヒ以テ國家隆昌ノ機運ヲ永世ニ維持セムトスル任タル極メテ重ク道タル甚ダ遠シ而シテソノ任實ニ繫リテ汝等青少年學徒ノ双肩ニ在リ……」という出だしの短い勅語です。

今読むと、日本に生まれたばかりに、なぜこんな責任を負わなければならなかったのかと思いますが、当時は汝等青少年学徒の双肩にあると言われて、私が頑張らなくてはと思ったものです。天皇はずうずうしいですね、唆しておいて責任を取らないのですから。

五月二十七日は海軍記念日です。六月四日は虫歯予防デーです、国のためからだは丈夫でなければなりません、それには歯が大切です。六月十日は時の記念日です。時の記念日は六七一年、天智天皇が漏刻を実用化した故事に因んで時を大切にしよう、というのですが、まるで天皇の功績を称えるように話されていました。七月七日は支那事変勃発記念日（当時こう呼びました）。九月になれば秋季皇霊祭があります。秋季皇霊祭は春季皇霊祭とともに彼岸の中日で、今、秋分の日・春分の日という休日ですが、れっきとした皇室行事で、今も祭服姿の天皇が皇霊殿に拝礼し、神霊を慰める行事が行われていまず。十月になれば「戊申詔書」奉読式、これは一九〇八（明治四十一）年に出された「方今人文日ニ就リ、月ニ將ミ、……」という出だしの詔書です。日露戦争に勝って、ちょっと浮かれているところで、人心を引き締めなければいけないという感じのものです。十月十七日は神嘗祭で新穀を神に供える日、そしてまた靖国神社例大祭。十月三十日が教育勅語の奉読式で、十一月三日が明治節、今は文化の日と言われていますが、これは明治天皇が生まれた日を新暦に直した日とか。十一月十日は「國民精神作興ニ関スル詔書」奉読式があります。大正の終わり一九二三（大正十二）年です。関東大震災にめげず忠孝義勇に励めというものです。十二月二十五日は大正天皇祭（先帝祭）でお休み。新年があって紀元節があって、三月六日、地久節。地久節というのは皇后の誕生日で、女子校では立派な会や式が行われました。そして三月十日、陸軍記念日と次から次に続きます。それに毎月一日は興亜奉公日でした。（一九四二年からは毎月八日の大詔奉戴日がこれに代わります。）月の初めに武運長久・戦勝祈願の神社参拝をして、がんばろうという日でした。お弁当は日の丸弁当を強要されました。

間もなく白いご飯など食べられなくなってしまいますが、興亜奉公日といった時期は、まだまだ苦労すれば、食べ物はそれなりに手に入りました。だから日の丸弁当は質素な食事をして戦地の兵隊さんのご苦労を忍び、決意を新たにしようという意味がありました。その時期ですから、育ちざかりの子どもに日の丸弁当はかわいそうだと思う親がいて、弁当箱の底に佃煮を敷いてご飯を載せ梅干しを入れて持たせました。ところが担任の先生は、それを見つけて大変怒り、非国民だと罵りました。そして次の興亜奉公日からは、全部の子どもにお弁当をひっくり返させて、ほんとうに梅干しだけか確認をしてから「いただきます」をするようになってしまいました。熱心な先生とは、そういうことだと思います。

　前にお話ししたと思うんですが、戦後、教科書に墨を塗るようになったとき、その先生は、日の丸弁当に熱心であったように、熱心でした。墨を磨るのが面倒でいい加減に磨っている子どもを窓のところに連れて行って、窓ガラスに教科書を透かして見せて、「ほらほらまだ兵隊さんと読めるじゃないか、もう少し濃く磨りなさい」と熱心だったのです。いい先生ってそういうもんなんですよね。素直に国策を伝達するというのが、立派な先生なのでしょうか、今求められているのもたぶんそういう先生なんだろうと思いますが。

　そのほか各学校には学校独自の朝礼、入学式、卒業式、開校記念日、学芸会、遠足、体力測定などがあります。みんな戦争遂行が目的になります。教科も戦争ばかりです。体験で言えば図工では戦意高揚のポスター、作文と言えば慰問文でした。ひ弱で運動能力ゼロの私はかなり惨めな存在でしたが、クラスに割り当てられるポスターや慰問文を引き受けることでかろうじて立つ瀬を保っていました。

　だんだん直接戦争遂行のための行事も増えます。出征兵士の見送り、英霊の奉迎、傷病兵の慰問、遺族慰問、援農、工場動員などなどです。

天皇制を教える学校の儀式

日本の学校は外国に比べて儀式行事が多いと言われていますが、それは公教育制度の確立にともなって学校への帰属意識の育成や集団的訓練などを期待してつくられてきたようです。戦前の祝祭日は全部明治以後の創作です。しかもそれが皇室祭儀や天皇制神話に基づいている上に、太陽暦で決められた祝祭日は、農作業の節目に合う太陰暦で生活している大多数の民衆には馴染めませんでした。そこで習慣にとらわれていない子どもをねらって教育勅語発布の翌一八九一（明治二十四）年、「小学校祝日大祭日儀式規定」（資料2）を設け、一八九二年四月から、それまでただ休日だった当日に教職員・児童を登校させ荘重な儀式を実施し、祝祭日の意味を教え込むことにしました。しかしなかなか保護者の理解が得られず出席者が少なかったため、学校では式後、紅白の饅頭を配って子どもの歓心をそそるなど工夫をし、文部省も儀式の施行を三大節に限定しました。それに日清戦争、日露戦争を契機にナショナリズムが浸透し、安定した学校儀式として定着したようですが、私は饅頭を貰った覚えはありません。

資料2　小学校祝日大祭日儀式規定（一八九一年四月）

第一条　紀元節、天長節、元始祭、神嘗祭及新嘗祭の日に於ては学校長、教員及生徒一同式場に参集して左の儀式を行ふへし

一　学校長教員及生徒
　天皇陛下及皇后陛下の御影に対し奉り最敬礼を行ひ且両陛下の万歳を奉祝す
　但未た、御影を拝載せさる学校に於ては本文前段の式を省く

二　学校長若くは教員、教育に関する勅語を奉読す

三　学校長若くは教員、恭しく教育に関する勅語に基づき聖意の在る所を誨告し又は、歴代天皇の聖徳鴻業を叙し若くは祝日大祭日の由来を叙する等其祝日大祭日に相応する演説を為し忠君愛国の志気を涵養せんことを務む

四　学校長、教職員及生徒、其祝日大祭日に相応する唱歌を合唱す

第二条　孝明天皇祭、春季皇霊祭、神武天皇祭及秋季皇霊祭の日に於ては学校長、教職員及生徒一同式場に参集して第一条第三款及第四款の儀式を行ふへし

第三条　一月一日に於ては学校長、教員及生徒一同式場に参集して第一条第一款及第四款の儀式を行ふへし

第四条　第一条に掲くる祝日大祭日に於ては便宜に従ひ学校長及教員、生徒を率ゐて体操場に臨み若くは野外に出て遊戯体操を行ふ等生徒の心情をして快活ならしめんことを務むへし

第五条　市町村長其の他学事に関係ある市町村吏員は成るへく祝日大祭日の儀式に列すへし

第六条　式場の都合を計り生徒の父母親戚及其他市町村住民をして祝日大祭日の儀式を参観することを得さしむへし

第七条　祝日大祭日に於て生徒に茶菓又は教育上に裨益ある絵画等を与うるは妨なし

第八条　祝日大祭日の儀式に関する次第等は府県知事之を規定すへし

（原文は旧漢字、ひらがな部分はかたかなです）

国民学校施行規則四七条も一八九一年の規定を基にす

第二十二　國旗(こくき)

この繪は紀元節(きげんせつ)に家々で日の丸の旗を立てたのを、子供たちが見て、よろこばしさうに話をしてゐる所です。

どこの國にもその國のしるしの旗があります。これを國旗と申します。日の丸の旗は、我が國の國旗でございます。

我が國の祝日や祭日には、學校でも家々でも國旗を立てます。その外、我が國の船が外國の港にとまる時にも之を立てます。

國旗はその國のしるしでございますから、我等日本人は日の丸の旗を大切にしなければなりません。又禮儀を知る國民としては外國の國旗もさうたうにうやまはなければなりません。

資料３　第三期国定教科書『修身書　巻四』

るものですが、私の体験した一九三〇年代の式を振り返って見ます。

まず、式に相応しい服を着て（式に合わせて新しい服や靴を下ろすこともよくありました）「日の丸」の旗を兄と二人で「礼法要項」に従って右の門柱（内から見て）に掲げてから登校します（資料３参照）。校門でお辞儀をして奉安殿の前でまたお辞儀をして教室に入り、担任の先生に従って講堂に入ります。この講堂は一九一一年久留米地方陸軍大演習の際、明治天皇の休息所になったとかでとても大切にされていました。すでに御真影は奉安殿から運ばれ幕が掛かっています。

一同礼をして式が始まり、幕があき、天皇・皇后両陛下に最敬礼をします。最敬礼は天皇・皇后用のお辞儀で上体を前に曲げながら両手が膝に達したらＯＫです。続いて「君が代」を歌います。次に校長による教育勅語の奉読ですが、校長同様式服を着て白い手袋をはめた教頭が恭しく捧げ持って来ると「低頭」という号令がかかります、たぶん一五度ぐらいの礼をした状態です。読まれた後、「直れ」の号令で顔を上げて、勅語奉答の歌を歌いました。「あやにかしこきすめらぎの　あやにたふと

きすめらぎの　あやにたふとく　かしこくも　下したまへり　大みこと。……大御心に答へまつらん」（勝安房作詞、五三頁資料7参照）とありがたい勅語をありがとうございますと歌うわけです。そして校長先生のお話、その後その日の式の歌を歌いました。一月一日、明治節、天長節、紀元節の四つの歌。一つひとつ文字を読んでいくとすさまじいものがあります。お正月から天皇陛下のおかげで、こんなにいい世の中だと唱えながら式が進みます。式歌が終わると御真影に幕が掛かります。すなわち式の間中、天皇陛下の前で行っているということです。式が天皇の前で行われるということで、これは大事なことです。

今、国民の祝日に儀式を行う学校は多くありません。そこで入学式、卒業式、周年行事にかつての国家行事に対する期待を集中させています。東京都の一〇・二三通達に象徴的に表れている「日の丸・君が代」の強制はその最たるものです。

今日「国民の祝日」と呼ばれている祝日もそのほとんどは皇室祭祀です。皇居内の奥まった所の築地塀に囲まれた八二〇〇平米の神域に宮中三殿（資料4参照）があ

大祭日は元始祭春季皇靈祭神武天皇祭明治天皇祭・秋季皇靈祭神嘗祭新嘗祭でございます。元始祭は一月三日で、宮中の賢所・皇靈殿・神殿にてお祭があります。神武天皇祭は四月三日、明治天皇祭は七月三十日でございます。神嘗祭は十月十七日で、この日にはその年の初穂を伊勢の神宮におそなへになり、新嘗祭は十一月二十三日で、この日には神嘉殿にて神々に初穂をおそなへになります。又春分の日、秋分の日に、御代代の皇靈をお祭になるのが春季皇靈祭秋季皇靈祭でございます。

祝日・大祭日は大切な日で、宮中では天皇陛下御みづからおごそかな御儀式を行はせられます。我等はよくその日のいはれをわきまへて、忠君愛國の精神を養はなければなりません。

資料4　宮中三殿（第三期国定教科書『修身書　巻四』）

ります。

　賢所を中心に向かって右に神殿、左に皇霊殿と並び、手前に神嘉殿があります。賢所の祭神は天照大神で神体は三種の神器の一つの「神鏡」です。もちろん模造品で本物（？）は伊勢神宮にあるそうです。神殿には天神、地祇、八百万神が祭られています。皇霊殿には神武天皇から昭和天皇に至る一二四代天皇と歴代外天皇、歴代皇后、皇妃、皇親が合祀されていて、その数二二〇〇余方に及びます。神嘉殿は付属的な建物で祭祀のときの祭殿として使われます。一月一日の四方拝には天皇が「黄櫨染御袍」姿で神嘉殿で伊勢神宮をはじめ四方の神々を遙拝するわけです。ですから四方拝というわけです。その他春季・秋季皇霊祭、先帝祭、新嘗祭などたくさんの祭祀はここで行われ、それが天皇の仕事の大部分を占めています。このことが女性天皇を阻む理由の一つでもあります。勤労感謝の日とされている十一月二十三日は新嘗祭です。新穀を神に供えると共に天皇も食べるという重要な祭儀で、白絹の祭服姿の天皇が、剣璽をもつ侍従を従え神嘉殿に入り、皇太子が続きます。皇后・皇太子妃は参列しません。このとき、掌典の警蹕を合図に神楽歌が奏されます。神前には海の幸・山の幸が供えられ新穀で作った酒を神々と共に飲み食べる「御直会」の後、天皇がお告げ文を読み五穀豊穣を感謝し、国の繁栄を祈るそうです。ほのかに明るい燭火の中で行われる秘儀で、具体的な内容は代々天皇の口伝で皇太子だけが学び取るそうです。国民の祝日と称して、実はこういうことが国の費用で行われているのです。宮中行事と関係のない日はいくつもなく、みんな辿っていけばどこかで天皇と関わりのある日が、国民の祝日として祝わされています。

　一九九五年に「海の恩恵に感謝するとともに海洋国日本の繁栄を願う」として制定された海の日は、戦前の海の記念日を海運業界労使の運動によって昇格させたものですが、記念日制定に際して折り合いがつかずなかなか日が定まらなかったとき、一八七六年、明治天皇が東北巡幸から海路で横浜についた七月二十日という案が出たとたん決まったといいます。

　今のところこういうものが学校の教育の中で強制されることはありませんけれど、折を見て表に出てこないとは限りません。すでに地域によっては紀元節とかをやっているところがあります。先に言いましたように卒業式、入学式における「日の丸・君が代」の強制はその前兆と言うべきかもしれません。

朝礼——朝鮮半島では「皇國臣民の誓詞」

戦後の教育改革を経たにもかかわらず、ほとんど戦前と変わりなく行われているものが少なくありません。たとえば朝礼です。

戦後、号令や、隊列行進の訓練など文部省の通達で禁止されたはずですが、当たり前のように行われています。いつどのようにして復活したのか、きちんと辿っておかないといけないと思います。「日の丸」を毎日掲揚するところも増えています。私の住む大田区の区役所のように出しっ放し、濡れっ放しでともかく揚げていますというところもありますが、かつての方式に従って日の出から日没までとか、八時から五時まで等を守っている企業もあります。学校でも朝礼時に選ばれた子どもが「君が代」に合わせて掲揚するところが増えています。先日夕刻、ある小学校の側を通ったときのことです、チャイムがなったとたん、校庭で遊んでいた子どもたちが一斉に立ち止まったので何事かとみると、一同その場で静止して鼻柱を国旗掲揚台に向けるではありませんか。一瞬、頭が戦中に戻りました。子どもたちは「君が代」が終わり「日の丸」が降ろされるまで身動きしませんでした。まさに国民学校が復活しています。

戦前・戦中は朝礼も練成の場でした。長浜功著『国民学校の研究』(明石書店)からの孫引きですが『群馬県教育史』第四巻(昭和編)に、勢多郡橘北国民学校の模様があります。当時の平均的な形です。

一　第一鈴　其の場に静止

二　第二鈴　国旗掲揚式隊形に駆け足で集合

三　国旗掲揚式

1　国旗に対して注目　胸を張り鼻柱を国旗に向ける

2　国旗掲揚(海行かばの曲二回)

3　注目直れ

4　国歌奉唱　二回

5　宮城遙拝

6　誓詞朗誦

四　分列行進
五　朝礼
　校長登壇、校長に注目
六　訓話
七　誓

「内地」の学校では、こういう形で行われたわけですが、植民地化していた朝鮮半島の学校では冒頭にまず「皇國臣民の誓詞」を読まされていました。「皇国臣民の誓詞」は一九三七（昭和十二）年に朝鮮総督府、当時の南総督が出したものですけれど、非常に厳格に、朗誦されていました。ちなみに、私は一九四二年から二年間、京城（当時、現ソウル）にあった日本赤十字社救護看護婦養成所に在学していました。その間、朝礼はもちろん、集会・式などすべてこの朗誦から始まりました。そんなとき隣席の日本名・芳村を名乗っていた徐さんのおぼつかない発音を補おうと、大声を出していました。

「皇國臣民の誓詞」の朗誦は学校、役所に限りません。職場にも市井の集まりにも強制されていました。韓国人同士の結婚式も例外ではありませんでした。

皇國臣民ノ誓詞（成人用）
一　我等ハ皇國臣民ナリ　忠誠以テ君國ニ報ゼン
一　我等皇國臣民ハ　互ニ親愛協力シ　以テ團結ヲ固クセン
一　我等皇國臣民ハ　忍苦鍛練力ヲ養ヒ　以テ皇道ヲ宣揚セン

皇國臣民ノ誓ヒ（児童用）
一、私共ハ大日本帝國ノ臣民デアリマス
一、私共ハ心ヲ合セテ天皇陛下ニ忠誠ヲ盡(ツ)クシマス
一、私共ハ忍苦鍛練シテ立派ナ強イ國民ニナリマス

当時、市井の人々を垣間見て、「どうして朝鮮人はマッカリ（濁酒）飲んで喧嘩ばかりしているのだろう?」と思い、そうさせているのが私たち日本人であることに気がつかなかった自分を、今恥じています。

運動会、修学旅行

これは愛知県岡崎市の梅園国民学校の一九四二（昭和十七）年の体育会の式次第です。運動会でなく体育会です。戦争するには国民の丈夫なからだと逆らわない心が必要です。

体育会順序（一九四二年十月二十三日）

開会式

1　整列
2　入場
3　校旗入場
4　皇大神宮・宮城遙拝
5　黙禱
6　国旗掲揚
7　君が代奉唱

運動

1　合同体操
2　方形ドッチボール　高2－5
3　体操　初2－1
4　円形継走　初4－3
5　戦技訓練　高1－1
6　体操　初1－1
7　追かけ毬入れ　初3－1
8　運搬競争　初5－2
9　体操　初6－2
10　突破　高2－2
11　飛行機ごっこ　初2－4
12　体操　高1－7
13　旗取競走　初1－3
14　柔道　初5－1
15　体操　初4－2
16　花　高1－6
17　体操　高2－3
18　紅白置換競走　初1－2
19　二人三脚　高1－5
20　総力戦　男全体
21　縄跳　高1－4
22　厚生体操　全体
23　体操　高2－2
休憩（昼食）
24　海、桃太郎　初1－4

25　体操　初3－2
26　月月火水木金金　初6－3
27　相撲　高1－3
28　勝って下さい兵隊さん　初3－3
29　薙刀　高2－4
30　おもちゃの戦車　初2－2
31　閲団分列　初3以上
32　跳躍競争　初2－3
33　体操　初6－1
34　帽子取　初4－1
35　軍艦行進曲　高2－6
36　体操　高2－3
37　剣道　高1－3
38　日の丸　女全体
39　学年継走　学年代表
40　合同体操　全体

閉会式
1　愛国行進曲
2　国旗降納
3　閉会の辞
4　万歳三唱
5　校旗退場

（注　初は国民学校初等科、高は高等科の意です）
（吉見俊哉著『運動会と日本の近代』青弓社ライブラリー、より）

運動会を体育会に変えたことについて、ある小学校では「……従来ややもすると余興中心になり、真の学校体育の精神から縁遠いものになりがちな欠陥を一掃して……本来の姿に転換し、皇国民として平素練成している心身を遺憾なく発揮し、児童の体位を向上し併せて協同心、忍耐心、規律尊重の精神、勇敢敏活の気性を養成する努力を致したいと考えます」と記しています。すなわち単なる改称ではなく、地域の学校への協力を得るためお祭り的な要素もあった運動会を皇国民練成の体育会に転換したのです。ですからさらに練成大会とか体錬大会などとも呼ばれるようになります。このことからも学制施行以来、一貫して軍事色を増やし続けてきた日本の教育が決定的に戦時化するのが国民学校制であることが分かります。

敗戦による教育改革で、天皇制・軍事色は一掃されたはずですが、どうやら貫いて変わらないものがあるように思います。私が東京の焼け跡で教員になったのは一九五〇年ですが、大半が代用教員や予科練や海兵帰りでした。瓦礫をかき分けて運動会をやろうということになったものの、戦後の教育改革の真意が分からず、二人三脚だの借り物競走など定番ものを並べ、「五年男子は騎馬戦だね」ということになってガリ版刷りのプログラムを作り、案内状を添えて、各学校に配りました。もちろん教育委員会にも届けました。ところが、それを見た教育委員会の係の人が飛んできて、「困ります、騎馬戦は」と言います。占領期ですから、騎馬戦の「戦」がいけなかったのです。じゃどうすればいいですかと聞くと、「騎馬遊びにしてください」というのです。で、騎馬遊びに書き直して予定どおり実行しました。戦後の日本の国体の変わり目に、教育がどう対応したかというと、本当にいいかげんだったようで、当時現場にいたものとして責任を感じます。

今また同じ形で、役割を果たしつつあると思うんですけれど、修学旅行もだんだんおかしくなってきましたね。戦後しばらくは、沖縄はなかなか行けませんでしたが、広島や長崎が多かったのですが、少なくなってきていますし、沖縄も戦跡は少なくなってきましたね。

私たちの時代にはほとんどが、聖蹟巡りでした。天皇の足跡巡りみたいなものでした。私は福岡県の久留米で育ったんですけれど、東京・日光で、まず東照宮を見て、二重橋と靖国神社、そして万世橋。広瀬中佐の足下に杉野兵曹長が寝そべっているような銅像がありました。それから先輩の案内で水天宮でした。これは東京の水天宮が久留米の水天宮の分社であるためです。おまけは三越デパートでした。

私の母は、一八九九（明治三十二）年生まれで、二〇〇一年に一〇二歳で亡くなったんですけれど、彼女が言うには（私は彼女と同じ女学校を卒業しているんですけれど）、「うちの学校の、修学旅行は桃山御陵参拝から始まった」と言っていました。桃山御陵お分かりですか、明治天皇のお墓です。彼はやっぱり京都で眠りたかったんでしょうか。京都伏見の桃山です。その墓ができたときに、初めて、修学旅行が行われたそうです。今でも伊勢神宮参拝なんていう修学旅行がありますよね。

もともとは一八八六（明治十九）年、東京高等師範学校、いまの筑波大学の元でしょうけれど、軍隊式の集団訓練をするために始めたのが、修学旅行の始まりと言われてます。似たようなことがぼつぼつ行われていたようですが、一斉に行われるようになったのは、ちょっと後のようです。「滿洲国建国」（一九三二年）あたりから、聖蹟巡りの他に、旧制中学校では朝鮮、滿州というのが盛んになりました。当時は、福岡から一枚の切符で、新京（現・長春）まで行くことができました。福岡から、一枚の切符で門司に行き、関門連絡船に乗って、下関から関釜連絡船に乗り、釜山から朝鮮半島を縦断する汽車に乗って、そこは三八度線などありませんから、さらに新義州を通り、鴨緑江を越えて、新京まで行くことができました。

そのころの関釜連絡船の名前には興味深いものがあります。関釜連絡船は下関と釜山を結ぶ連絡船ですけれど、就航した当初、一九〇五（明治三十八）年ですが、対馬丸と壱岐丸でした、対馬と壱岐は玄界灘にある島の名前です。素直な名前だと思います。第二期、韓国併合後の一九一三年には新羅丸、高麗丸と朝鮮の王朝の名が出てきます。このあたりはまだいいと思うんですが、第三期になると一九二二年に景福丸、徳寿丸が、一九二三年に昌慶丸と朝鮮王宮の名前がつきます。朝鮮支配が完成した時期でだんだん奥に入り侵略が進みます。第四期は一九三六年に金剛丸が就航します。北朝鮮の名勝金剛山に因んだものです。また奥へ進みます。一九三七年には戦後引揚げ船にも使われた興安丸です。もちろん中国東北の興安嶺に因んだのです。最後第五期には天山丸とか崑崙丸が現れます。天山も崑崙も中国新疆ウイグル自治区、シルクロードから仰ぎ見るあたりにあります。そこまでも支配の対象にしようという意味でしょう、関釜連絡船の名前だけからも、侵略の目指すところが見えてきます。

話がそれましたがこの時期の卒業式は式と言っても、祝祭日に比べれば実に簡単に行われたような気がします。教育勅語の奉読や校長の訓示などはありましたが、あと名前を呼ばれて、卒業証書をもらっただけのような気がします。当時式場に「日の丸」はありませんでした。今日「日の丸」が張り付けられている位置には「御真影」がありましたからなくて当然ですが、同じ位置にあるということは「日の丸」が「御真影」の役割をはたしているということでもあります。今日の入学・卒業式が、国家行事としての学校行事を唯一の式として代表しているとすれば、今後天皇制教育の跋扈を許さないためにも、ここできちんと抵抗の意を示しておく必要があると思います。

国旗・国歌を語ることはタブー？

私は一九九九年七月八日、「国旗及び国歌に関する法律案」についての衆議院内閣委員会中央公聴会に社民党推薦で出席しました。柄にもないことだし、政府の筋書きに従うのかという迷いもありましたが、誰かが出なければなりません。反対の立場以外制限はないことを党に確認して応じました。打ち合わせに行くと法案や資料、日程表などを渡され、随行はいるかと聞くので、何のことかと聞くと鞄持ちだというのです。いれば後ろに席を設け終始同席できるそうです。一瞬、反天連（反天皇制運動連絡会）の天野さんにでも来てもらえば心強いかもと考えましたが、本意ではないので断りました。前日、公述の内容を考えながら新聞を見ると、もう数の上では成立の道筋はできているし、議員の関心も薄い。「公聴会は政治ショーか」「公聴会は国のアリバイ作りに過ぎない」などの記事にまた少し迷いましたし、沖縄公聴会では知花昌一さんが断ったと教えてくれた人もいましたが、もう言うだけのことを言うしかないと決心しました。

当日受付に入ろうとすると、学生が〝強行採決に導く公聴会の強行を阻止しよう〟というビラをくれました。そうに違いありませんがもう間に合いません。ボディチェックも荷物検査もなく慇懃に控室に通され、コーヒーが運ばれ、交通費・日当が配られました。私は二万九〇〇〇円でした。多いというべきか少ないというべきかと思いながら鞄に入れました。そこへ「百地先生本日はご苦労様です」と自由党の議員が隣の人に深々と頭を下げ、恭しく「これは党からです。僅少ですがどうぞ」と金一封らしいものを出しながら領収書に署名捺印を求めました。百地氏の頭の下げ具合から半端な金額ではなさそうでした。もともとそうでしょうが、これでは党の意に添う発言をせざるを得ません。

中央公聴会午前は、自民党推薦で法案賛成の小林節

（慶大教授）、民主党推薦であるが法案を憂慮する上杉聡（関西大講師）、公明党推薦で法制化賛成の林四郎（エッセイスト）でしたが、午後は法制化は現場の混乱を解消するという百地章（日大教授）、反対が山住正巳（前・都立大総長）と私でした。

私は「日の丸・君が代」にそのかされて戦争をしてしまった体験から、再び繰り返さないために廃案にして論議をすべきであると述べました。翌日の『毎日新聞』が「軍国少女を再びつくるな」と題してほぼ正確に要旨を伝えましたが、私が「熱心に戦争をした」と言ったところを「熱心に戦争を賛美した」と書きました。記者は武器を持って直接殺し合いをした人だけが戦争をしたと思っているのでしょうか。「国民」が挙って荷担しなければ戦争はできません。私は戦争をしたのです。

「国旗及び国歌に関する法律」は一九九九年八月九日に成立し、八月十三日に公布施行されました。以来、私は行政の支援を得ながら活動している市民運動団体の平和を考える集会から呼ばれなくなりました。国に反対する人は……と行政が難色を示すからです。私は国に協力して意見を述べたのです。その考えは今も変わりません。国が進むべき方向を誤ろうとするとき、批判をすることこそ愛国です。

そもそも、国家とはという論議も、国旗・国歌とはという論議も、はたして必要かどうかさえ論議していないのに、いきなり「日の丸・君が代」に限定した案を出して強行しようというのですから、無理な話でした。

戦後、新しい国歌をつくろうという動きがありました。サントリーが一九五三年「君が代」に代わる国民歌を公募して、応募五万余のなかから「われら愛す」を選定しています。日教組は一九五一年一月二十四日、第一八回中央委員会でスローガン「教え子を再び戦場に送るな」とともに「新国歌制定運動」を提起し、五二年三月二十四日、作詞二〇〇〇点、作曲七〇〇点の中から原泰子作詞、小杉誠治作曲、国民歌「緑の山河」を選定しました。

一番　戦争超えてたちあがる　みどりの山河雲霽れて
　　いまよみがえる民族の　わかい血潮にたぎるもの
　　自由の翼空を往く　世紀の朝に栄あれ

二番　歴史の門出あたらしく　いばらのあゆみつづくとも
いまむすばれた同胞の　かたい誓にひるがえる
平和の旗の指すところ　ああこの道に光あれ

という歌詞は今みると気になるところもありますが、歌は伊藤武雄とコロンビア合唱団、伴奏はコロンビアオーケストラによってレコードが作られ、ラジオでも放送され、広く学校や市民の間でも歌われました。当時小学生だった東間紀子さんは、雑誌『ひと』の一九八九年二月号に「運動会で『緑の山河』という曲が流れました。教頭先生が『日本は新しく生まれ変わったのです。これからはこの歌が国歌となります』と説明しました」と書いています。しかし五八年の学習指導要領の改訂、告示以降、情勢が変わり、卒業式に歌った学校の教員が処分されるような事件も起こり、国民歌としては定着しませんでした。先の東間さんは同誌に「時を経て中学二年のPTA学年委員になったとき『日本人の健全育成と国旗・国歌問題』と題した校長名のパンフを貰いました。その最後には『卒業式は日本人としての自覚を確認する式です』とありました」と書いています。

一九九九年七月二十三日の『朝日新聞』に作品の一部が載りましたので、ごらんになった方もあると思いますが、東京都三鷹市の小学校図工担当教員Eさんは、国旗国歌法が制定されようとしている九九年四月、国会でも論議されているのだから、国旗について考えようよと、授業「もし国旗のデザインが公募されたら、みなさんだったらどんなものにしますか」をしました。これは誠に時宜を得た授業と思いますが、デザインを云々してはいけなかったのです。実は『朝日新聞』に作品の写真が出たとき、私はもうここまで刷り込まれているのかとがっかりしたのです。国旗・国歌を考えるという教員の発想はなかなかなものだと思いますが、作品を見ると、富士山があり、日の丸みたいなのがあり、ろくなものはありません。がっかりした私は、もっと解放された形で授業をやらなければとEさんに言った覚えがあります。

『朝日新聞』はこれを「国旗・国歌法」論議の絵に使っただけで、解説らしい解説も出所もつけませんでした。ですから載ったとたん、誰がこんな授業をやったんだという犯人捜しが始まるわけです。都の教育委員会と校長会が必死になって、ついにEさんを突き止めます。結果的に彼は、口頭注意に終わったわけですけれど、少なくともよりましなものにしようということも含めて、国旗・国歌についてラジカルに考えてはいけない、素直に日の丸を信じなければいけないということでした。

Eさんの実践は東京公立学校教職員組合の教研集会をへて日教組全国教研集会にレポートとして提出され、美術分科会のレポート集に掲載されましたが、混乱を恐れた日教組はEさん部分を糊付けして配布しました。実践を封じられたEさんは集会に参加しましたが、発表はできませんでした。

教育塔

「教育の靖国」と言われている教育塔については、佐藤秀夫さんが『学校ことはじめ事典』（小学館）に要領よく書かれています。

教育塔――教育界「無名戦士」の記念碑

大阪市内の大阪城公園の一隅、NHK大阪局近くの大手前広場の端に、「教育塔」という塔の建っていることを知っている人は、教育界でもそう多くはないかもしれない。

この教育塔とは、一九三六（昭和十一）年十月に落成した平面積約三三〇平方メートル、高さ約三六メートルの堂々たる記念塔で、一八七二（明治五）年の「学制」公布以来現在にいたるまでの間に、学校での公務執行中に殉職した教職員、および殉難した学生・生徒・児童を合祀しているものである。

塔建設の直接的な契機となったのは、一九三四（昭和九）年九月、関西・中国・四国地方一帯を襲った、いわゆる「室戸台風」により、多くの教職員と子どもが犠牲になったことである。

その風水害記念碑を建設するという大阪市教育会の発議が帝国教育会に受けとめられ、全国学校教員・生徒からの募金に、皇室と文部省からの下賜金・補助金などを合わせて築造された。

その過程で合祀対象者は「室戸台風」に限らず教育上の殉職・殉難者全般に拡大されたが、建設地は「室戸台風」で最多の犠牲者を出した大阪市内とされた。

管理者は発起人の帝国教育会だったが、戦後帝国教育会（大日本教育会）の解散によりその資産の継承者となった日本教職員組合（日教組）がひきついで現在にいたっている。

一九三六年十月の落成式後に殉職・殉難者を奉祀する「第一回教育祭」が行われて以来、戦時中の一時期を除いて、今日にいたるまで毎年十月三十日に過去一年間の教育上の殉職・殉難者を祀る「教育祭」が執行されている。

問題は、その「教育祭」の期日である。第一回から伝統化している十月三十日とは、いうまでもなく「明治二十三年十月三十日」の教育勅語発布記念日をさしている。塔落成の一九三〇年代には、教育勅語が「教育精神」の拠るべき典籍として、最大限に重視されていたから、その発布記念日を教育祭日としたことは理由のないことではなかった。

しかし、戦前の天皇制公教育への批判・反省から出発して「教育基本法」を得ている今日、こともあろうに反戦平和、教え子を再び戦場に送るまいと固く誓ったはずの日本教職員組合が、四〇年にもわたって「十月三十日」を選んできたことは、無自覚であったとはいえ、何とも奇妙なことである。「無自覚」であること自体、日教組において、教育の戦争責任への追及が甘かったことを示してはいないだろうか。

（佐藤秀夫著『学校ことはじめ事典』小学館より）

教育塔を考える会では、戦後帝国教育会から維持管理を引き継ぎ、毎年教育祭を実施している日教組に対して次の要求を続けてきました。

一、教育塔前面右側のレリーフ（資料5）は校長が教育勅語を奉読し、生徒が直立不動の姿勢で聞いている場面なので撤去してほしい。

二　教育祭を教育勅語発布の一〇・三〇に行うのをやめるとともに、戦前から継続して数えることをやめること。

三　教育塔説明版に教育塔が果たした役割を明記すること。

四　教育祭に小中学生を動員しないこと。

ようやく今年になって教育祭の実施日を教育勅語発布記念日の十月三十日から十月最後の日曜日にすることになりました。これで長年の要求の一つが実現したわけですが、これは要求に応じたというよりは、職場の管理体制の変化で平日実施が困難になったことが原因と思います。資料6の「作られた美談」（佐藤秀夫著『学校ことはじめ事典』小学館）にある小学校教員（杉坂タチ）も教育塔に合祀されているのです。

教育塔

左レリーフ　右レリーフ

資料5

資料6　作られた美談――賛美された「御真影」への殉死

御真影や教育勅語謄本の絶対視が強められるにつれて、それを守るための「殉死」が教員精神の権化として賛美されるようになった。それとともに、単なる事故死が関係者によって「殉死」へと作りかえられるようなケースも現れる。関東大震災の当日、神奈川県酒匂のある小学校女教員が日直中に遭難死亡したが、昭和に入ると県当局や関係者によって、「御真影奉安所前ニテ『御真影御真影』ト叫ビツヽ一死以テ奉護シ猛火ニ包マレテ殉職ス」という壮絶な「美談が生まれた（岩本努氏の研究による）。

また、作家久米正雄の実父久米由太郎（長野県上田小学校長）は、一八九八（明治三十一）年三月上田小学校焼失の責任をとって自刃して果てたが、明治天皇行在所として使われたことのある同校校舎を失ったことへの引責と強調された。だが、かねてから地元有力者との折り合いが悪く、校舎焼失でその責任を一挙に追及されたための自殺というのが、真実に近いとされる。たてまえとメンツを重んじる教育界の体質は、このような「美談」を数多く創作したのである。

（佐藤秀夫著『学校ことはじめ事典』小学館）

第五回「学校行事　日の丸、君が代、天皇」感想

天皇制国家を支える臣民の育成教育は今

青木裕美（「日の丸・君が代」の法制化と強制に反対する神奈川の会）

明治憲法下での学校教育の目的は、児童・生徒の人格の形成ではなく、天皇制国家を支える臣民の育成でした。この学習会で学ぶほどに、その実態と成功例に驚いてしまうばかりです。

学校行事もすべてこの目的のために定められていました。御真影の前でとり行われる儀式はもちろんですが、遠足や修学旅行も聖蹟めぐりの軍隊式訓練から始まったのです。現在はかつてのように皇国史観に基づいたストレートなものはほとんどないと思いますが、そんな場所を整備して公園にすればどうでしょう。私の子どもたちも、小学校低学年の遠足はヤマトタケルノミコトが登ったという丘でした。故事来歴を少しずつ歪曲して、立派な施設を造っていけば転換は簡単に行えそうです。靖国参拝、遊就館見学が日常的に行われる時代だけはなんとしても迎えたくはありません。

講堂の中の配置から儀式の式次第まで細かく定められていたのにも驚きます。日本全国ばかりでなく朝鮮・台湾でさえも政府が指示した同じ規格の臣民をつくろうという意思の恐ろしさを感じます。それを当然と受け入れていた人々。みんな一緒が一番安心できると感じる「日本人」の感性も影響されているのでしょうか。

「皇國臣民ノ誓詞」について当時どう思ったかという質問に対して、北村さんから「差別的だとは思ってなかった」との答えがありました。本当に早くこうならなければと思っていたと信じていらしたのです。皇民化

教育についても「朝鮮の人たちは可哀想な、貧しい、能力的に劣った」ものだと徹底的に教え込まれ身体に染み付いていたので、「助けてやるような思いをもっていた」と言われます。初めて朝鮮の人の暮らしを見たときに、なんでこの人たちは、マッカリ飲んで喧嘩するばかりなのかと思ったそうです。その背景、日本人がよい仕事も土地も奪い、貧しい希望のない暮らししか与えなかったことは見えなかったと言われます。そんな実態が見えてしまったら、聖戦は行えないし、体制を維持することも不可能ですから、隠しておくのが当然でしょう。差別的な意識はずっと続いていて、戦後もニンニク臭いというだけでいじめの対象になっていました。今、朝鮮料理や焼肉を美味しいといって食べる時代になったのは、日本人が少しだけ解き放たれて味だけで美味しいと考えられるようになったからだと言う北村さんの意見には本当に同感します。戦後生まれの私も、子どもの頃に「チョーセンボー」というのは可哀想な人たちだと頭に刻み込まれていたからです。周りの大人たちから受け継いだものです。差別意識をなくすのは本当に大変な作業なのだと思いました。

軍国少女だった北村さんは、戦争に協力していたのではなく、戦争をしていたんだと言われます。男が兵士として送り出された穴埋めに使われた女性たちは「女でもお国のお役に立てる」と奮い立ったし、ひめゆり学徒の場合も、はじめは「勇んだ」という証言が多くみられました。みんなが、特に若者がそう思えたからこそあの戦争ができたのだとつくづく感じました。

そんな風潮に表立って疑問を投げかけることなどできない社会が、それ以前から周到に準備されていました。体制に逆らうことの恐ろしさについて、北村さんは個人的な話として次の例を出してくださいました。北村さんのお父さんは向坂逸郎と同級生で、お父さんが早くに亡くなられた後も年賀状のやり取りだけしていたそうです。向坂氏が社会主義研究の容疑で検挙されたとき、ただ一通の年賀状があっただけで女と子どもだけの北村家も家宅捜索されたということでした。その後は年賀状もはばかって直接は出せなくなってしまったというお話に、権力の怖さを改めて感じました。

今、学校行事の詳細にまで介入し、反対する教職員を取り除こうとしている目的は何なのか、お上に対しての一切の批判を許さない先にあるものは何なのか。それは戦前の臣民の育成に他ならないのです。

子どもたちも、もちろん私たちも、国家の言いなりになるパーツとして生きるのはごめんです。すでに教室から始まりかけている戦争を、何とか防いでいきたいと改めて感じました。

第六回 軍国少女を生きて

——旗と歌に唆され、無知のゆえ侵略者の役割を果たした

軍都久留米　爆弾三勇士

私は一九二五年、福岡県の久留米市で生まれました。今は久留米絣くらいでしかご存じないと思いますが、当時は軍都と称していました。そのころ日本の都市で軍都でなかった所などなかったでしょうが、久留米には第一二師団がありました。全国一七師団の中でも大きいほうで工兵隊が有名でしたが、戦車隊もありましたし、大刀洗に航空聯隊も持っていました。バス停にも司令部前とか工兵隊前などがありました。師団が大きいということは大陸に対する大きな任務を負っていたのです。

私はほぼ昭和と同じ年で育ちましたが、強烈な記憶は一九三二（昭和七）年の上海事変における爆弾三勇士です。久留米の工兵隊から出兵した江下、北川、作江の三人の工兵が爆弾筒を抱えて鉄条網に突入する場面は（資料1参照）、今も靖国神社の左側の大灯籠のレリーフに大山巌元帥の奉天入城の図などと共に掲げられています。

小学校入学直前でしたが、三勇士を讃える旗行列が盛

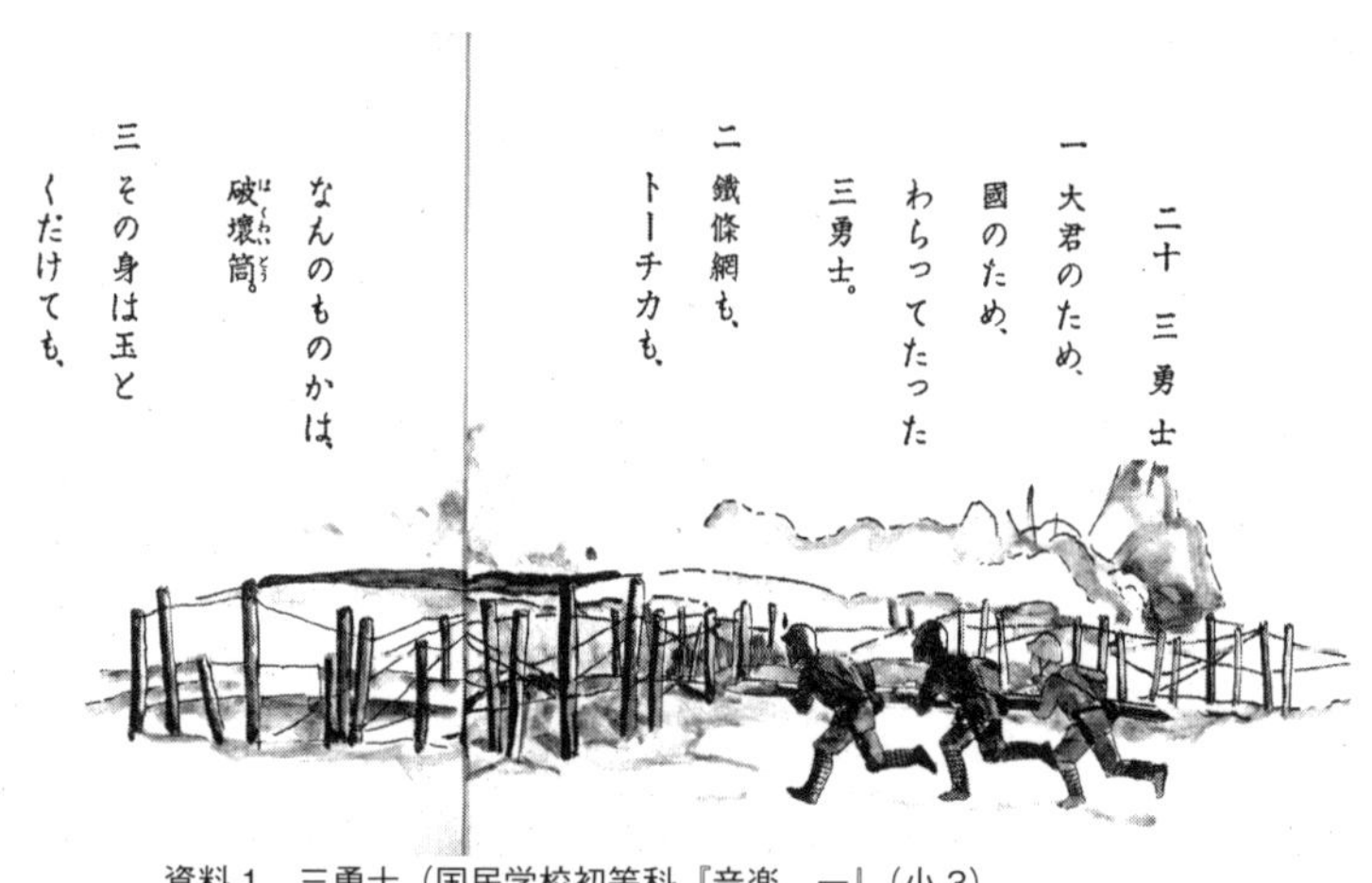

資料1　三勇士（国民学校初等科『音楽　一』（小3）

大に行われました。家では参加するつもりはありませんでしたが、当日になると町内会の世話役のおじさんが日の丸の小旗の束を脇に抱えて誘いに来ました。今日のビラにも大きなテーマの〝戦争は教室から始まる〟が書かれています。私は教員でしたし教育の戦争責任を重く考えていますので、こう掲げていますが、もうどこからでも始まり得る状態にあります。当時がそうであったように。

おじさんが勝手口に来たとき、母が適当なことを言って断りました。このようなとき、どんな断り方をするかは難しい問題です。母は当たり障りのないことを言ったと思います。聞いたおじさんは傍らの私をみて「お嬢ちゃんだけでもいいですよ」と言って旗を一本持たせました。私はその旗に釣られておじさんについて旗行列に参加してしまったのです。行列の最中、おじさんは何度も私を抱え上げて上から旗の波を見せてくれました。上から見る旗の波は綺麗なものです。いま宮中参賀などで上から見ている人もいい気分でしょうが。すっかり日の丸ファンになってしまいました。たぶんここが軍国少女への出発点だと思います。と同時に、母の態度によっては違った人生を歩いたかもしれません。

爆弾三勇士の真相については作戦や上官の判断の誤りなどがあり、命を投げ出さなければ得られない戦果ではなかったのですが（上野英信著『天皇陛下万歳』筑摩書房刊、などに詳しい）、「点火した爆弾筒を抱えて敵鉄条網に躍り込み肉弾となって爆死した。そのため歩兵の突撃路が開かれた」と報じられると、超人的な壮挙として全国民を感動させました。久留米の工兵隊から出たというので久留米市民の反応は一際でした。新聞・雑誌はもちろん、レコードは挙って主題歌を競いました。なかでも有名なのが与謝野寛作詞の「廟巷鎮の敵の陣、我の友隊すでに攻む、折から凍る如月の、二十二日の午前五時」で始まる「爆弾三勇士」です。この歌、今でも一〇番まで空で歌えますが、実感として二月の寒さを表す言葉としてこれに勝るものを知りません。

戦争はたくさんの軍神を作りました。東郷平八郎や乃木希典はもちろんですが、「軍神廣瀬とその名残れど……」と歌われた日露戦争に於ける廣瀬武夫などです。三勇士は歌にはなるし映画にもなり舞台化もされました。銅像もできました。着物の柄にも節句の幟旗にもメンコにも饅頭にもなりました。私たちは三勇士も軍神になるだろうと思いましたが、なかなかなりません。そのうち私たち子どもにも、そのうちの誰々が被差別部落の出身だという噂が聞こえてきました。そしてついに軍神にはなりませんでした。真相は分かりませんが、そのことが理由だろうと思っています。軍神になれば神社ができます。神社には天皇も詣でなければなりませんから。天皇と一兵士との関係がよく分かる構図です。

『少年倶樂部』――マスコミの責任

私を戦争に導いたものに『少年倶樂部』があります。『少年倶樂部』で育ったようなものです。私は四人きょうだいで、兄、私、弟、妹の順で、上と下が男でしたので『少年倶樂部』をとっていました。毎月十日、『少年倶樂部』が届くと、まずみんなで漫画「のらくろ」（資料2）を読んで、あと兄が読み次に私、そして弟という順で、弟が読むころには友達が来て待っていました。

「のらくろ」は一九三一年（滿洲事変の年）から『少年倶楽部』に連載された田河水泡の漫画で、野良犬の黒

資料2 『少年倶樂部』一九三二年十一月号

が猛犬連隊に入って出世していく物語です。私たちは「くろいからだに大きな目、『少年俱樂部』ののらくろは……すえは大将元帥か」とのらくろの唄を歌いながら読んでいました。幼い私の軍隊に関する知識の多くはここから得たものでした。事実、田河水泡は軍隊に体験入隊したうえで、いずれ皆行くであろう日本の軍隊はこんなに勇ましく明るいところだと子どもに擦り込んだのです。私はそれを真にうけていました。

資料３『少年俱樂部』

『少年俱樂部』には大仏次郎や佐藤紅緑、山中峯太郎などの読み物、西條八十、サトウ・ハチローの詩などが満載のほか、時に応じた折り込みの大口絵がありました。「ああ爆弾三勇士」「軍旗親授式」「真田大助の奮戦」などです。それに毎号特集がありました。

「帝國陸軍號」や「帝國海軍號」（資料3）などもありましたが、一九三二年十月号は「熱血運動號」で、三二年のロサンゼルス・オリンピック特集です。日章旗をあげた我が選手として、馬術の西竹一中尉（硫黄島で戦死）や三段跳びの南部、棒高跳びの西田、水泳の宮崎選手などをグラビア写真入りで報じています。次のベルリンで活躍する前畑秀子が二〇〇m平泳ぎで二位になったことも載っています。続く十一月号はアメリカ在住の日本人少年の作文「竹中正一郎君」を載せています。それは竹中選手が日本のほうに向かって手を合わせて拝んでから競技に臨んだこと、疲れはて汗を流し歯を食いしばりながら一位・二位を争う外国の選手にコースを譲ったこと、一周以上遅れながら最後まで走ったことを称えているものです。これを報じる記事はさらに、竹中選手の行動はアメリカの新聞もほめたたえたことを加えています。

私はこのような記事を記事以上に読んでは興奮し、いつのまにか記事以上の「愛国心」を自分の中に醸成させていったようです。

『少年俱樂部』に限らずマスコミの扇動は凄まじいものでした。戦前の日本の国家は兵営国家と言ってもいい情況でしたので当然ですが、挙って戦意高揚に懸命でした。たとえば『主婦の友』。一九三九年六月号の巻頭には近藤浩一路の靖国神社の絵に添えて、

「靖國神社の英霊になって、天皇陛下の御拝（ぎょはい）を辱（かたじけな）うするほど、日本國民としての榮譽があらうか。これといふのも、愛する祖國のために命を捧げて盡（つ）くしたお蔭である。——愛するもの丶ために命を捨てるほど大きい愛はない—— ほんとに人間としてこれほど尊い愛の行爲があるだらうか。命を惜しまず盡くすことは、祖國の急に赴く場合ばかりではない。愛する家庭のためにも、愛する肉親のためにも、愛する働きのためにも、愛する友のためにも、命を捨て丶盡くさねばならぬ場合は必ずあるべき筈である。さういふ場合に、喜んで命を捨て丶惜しまぬ人となりたいものである。大きい責任のために命を捨て得る人こそ、命を完うし得る人である。大きい義務のために死に就き得る人こそ、永遠に生き得る人である。靖國神社の神事は、人として永久に生きる道を、教ふるものである。」

と書いています（資料４）。

（昭和十四年）主婦之友 六月號

（近藤浩一路畫伯）

最も大きい愛

靖國神社の英靈となつて、天皇陛下の御拜を辱うするほど、日本國民としての榮譽があらうか。これといふのも、愛する祖國のために命を捧げて盡した御蔭である。——愛するものゝために命を捨てるほど大きい愛はない——ほんとに人間としてこれほど尊い愛の行爲があるだらうか。

命を惜まず盡すことは、祖國の急に赴く場合ばかりではない。愛する家庭のためにも、愛する肉親のためにも、愛する働きのためにも、愛する友のためにも、命を捨てゝ盡さねばならぬ場合は必ずあるべき筈である。

さういふ場合に、喜んで命を捨てゝ惜まぬ人となりたいものである。大きい責任のために命を捨て得る人こそ、命を完うし得る人である。大きい義務のために死に就き得る人こそ、永遠に生き得る人である。

靖國神社の神事は、人として永久に生きる道を、教ふるものである。（記者）

（本誌の記事寫眞繪畫の無斷轉載・複製・上演・上映を禁ず）

（61）　卷頭言

資料４　『主婦之友』1938年６月号

明仁誕生

「皇太子さまお生まれなった」

良子は一九二三年に裕仁と結婚して、二五年に成子、二七年に祐子（二八年亡）、二九年和子、三一年に厚子と次々に出産しましたが、女ばかりでずっと男子誕生が待たれていました。そのころの『少年倶樂部』には、たびたび皇位継承権を持つ皇族のグラビア写真が載っていま

した。写真の大きさが継承権の順になっていたこともありました。皇太子誕生を待つ声に対して、皇位の安泰を伝える意図でしょうか。

　ようやく明仁皇太子が生まれたのは一九三三年十二月二十三日でした。サイレンがなりました。ともかく生まれたら一分間なる、男だったら一〇秒おいてもう一度なることになっていました。二度目がなりました。早朝でしたが巷に歓声が上がりました。すぐに、北原白秋作詞、中山晋平作曲の「皇太子さまお生まれなった」が発表されました。

一　日の出だ日の出に　鳴った鳴った　ポーオポー
サイレンサイレン　ランラン　チンゴン
夜明けの鐘まで
天皇陛下お喜び　みんなみんなかしは手
うれしいな母さん　皇太子さまお生まれなった

二　日の出だ日の出に　鳴った鳴った　ポーオポー
サイレンサイレン　ランラン　チンゴン
夜明けの鐘まで
皇后陛下お大事に　みんなみんな涙で
ありがとお日さま　皇太子さまお生まれなった

三　日の出だ日の出に　鳴った鳴った　ポーオポー
サイレンサイレン　ランラン　チンゴン
夜明けの鐘まで
日本中が大喜び　みんなみんな子供が
うれしいなありがと　皇太子さまお生まれなった

と、ラジオから流れてきました。

当時、文部省や東京音楽学校、音楽教育書出版協会では、もっと荘厳な歌を作っていますが、実際によく歌われたのはこれだけだったようです。

　年が明けて春になり、爆弾三勇士の銅像のある久留米市公会堂で皇太子誕生を祝福する会が開かれました。私たちはこの歌に合わせて日の丸の小旗を振って踊りました。このレコードの裏面は「昭和の子ども」でしたが、併せてそれも踊りました。

　このあたりから私はもう天皇陛下一直線に進みます。小学校では熱心に皇民教育を受けました。ちょっと考えてほしいのですが、私たちの受けた教育をよく「皇民化教育」と言われます。今日の案内チラシにもそう書いてありますが、自覚として皇民化教育を受けた覚えはありません。皇民化教育とは文字どおりにみれば、皇民でないものを皇民にする教育ということです。私はそんな教育を受ける前から、天皇の赤子で皇民でした。ですから私が受けたのは皇民にさらに磨きをかける皇民教育でした。皇民化教育というのは私の常識では朝鮮半島、台湾、南洋委任統治地などの人々を日本人、すなわち皇民にしようとした教育のことだと思っています。

皇民教育ですから忠君愛国で貫かれている授業ですが、間に戦地の兵隊さんに慰問文を書いたり出征する兵隊さんを見送りに行ったり、英霊を迎えたりの毎日でした。その頃はどこでも朝鮮半島出身の方がたくさん住んでおられました。現在は六〇万人くらいのようですが、当時はその倍くらいの方が（今、日本と言われている地域に）おられたと思います。私のクラスにも二人いらっしゃいました。ある、図工の時間にボール紙に艶のある色紙を貼って紙挟みを作りました。私は全体を鮮やかな黄色で張り、鮮やかな赤で縁取りし赤いリボンをつけて結ぶように仕上げました。誰よりも早くできたので嬉しくて先生に見せにいくと、先生は「ああいやだ。朝鮮人みたいな色」と言ったのです。目の前にちゃんと徐さんがいるのに当たり前のようにです。徐さんのうちは子どもたちが黒ん棒と呼ぶ黒砂糖を使ったお菓子を作っていました。美味しいと思うのですが、おとなは「汚い朝鮮人が作ったもの」と言うのです。だんだんおとなが汚いと言うものを美味しいと思う自分を情けなく思うようになり、美味しくても食べない、好きな色でも鮮やかな色は避けるようになりました。いま誰憚ることなく赤いセーターを着るのは、徐さんの恨みのほんの一部でも晴らしているつもりです。

鬼畜米英

久留米市立南薫小学校を卒業して福岡県立久留米高等女学校に進学するのですが、その年から入学試験が口頭試問と体力テストだけになりました。

口頭試問の第一は「日本の国体は？」でした。もちろん即座に「立憲君主国です」と答えました。次に算術の暗算があり、最後に中国の白地図をみせて「揚子江を指しなさい」という簡単なものでしたが、体力テストは懸垂でした。全くできなくて肋木にぶらさがったきりでした。終わってみんなが一〇回以上できなきゃなど話しているので、たぶん駄目だろうと思っていたのですが、なぜか合格しました。

小学校は卒業するとき、女子だけ五六人のクラスでしたが、女学校に進学したのは市立、私立を合わせても二〇人でした。ほとんどの人が高等小学校で、小学校きりの人が二人いました。一人はブラジルへ移住する人でした。もう一人は六年間学校で一言ものを言わなかった人でしたが、驚いたことにバスの車掌さんになっていました。当時の車掌さんは車の誘導はもちろん、切符を切ったり停留所の案内をしていました。たまたま通学で乗り合わせたバスで彼女の声を聞いたときの驚きは忘れません。今も考えます。彼女を六年間、黙らせていた学校とは一体なんだったのだろうと。

入学した久留米高女は、

教育方針

聖旨ヲ奉體シテ國體観念ヲ明徹シ以テ皇國女性ノ錬成ヲ期ス

一、皇道精神ノ顯現ニ勗メ學徳一體ノ實践ヲ期ス
一、心身ノ修練ヲ積ミ皇國女性ノ錬成ヲ期ス
一、時局認識ノ徹底ヲ圖リ高度國防國家ノ建設ニ寄與セン事ヲ期ス

を掲げていました。卒業アルバムを見ても顔写真以外は勤労奉仕や防護訓練、体育大会や行軍ばかりです。

制服はセーラー服でしたがスカートの丈が床から三五センチと決まっていました（資料5参照）。よく裁縫の先生が物差しを持って昇降口に立っていました。行進など

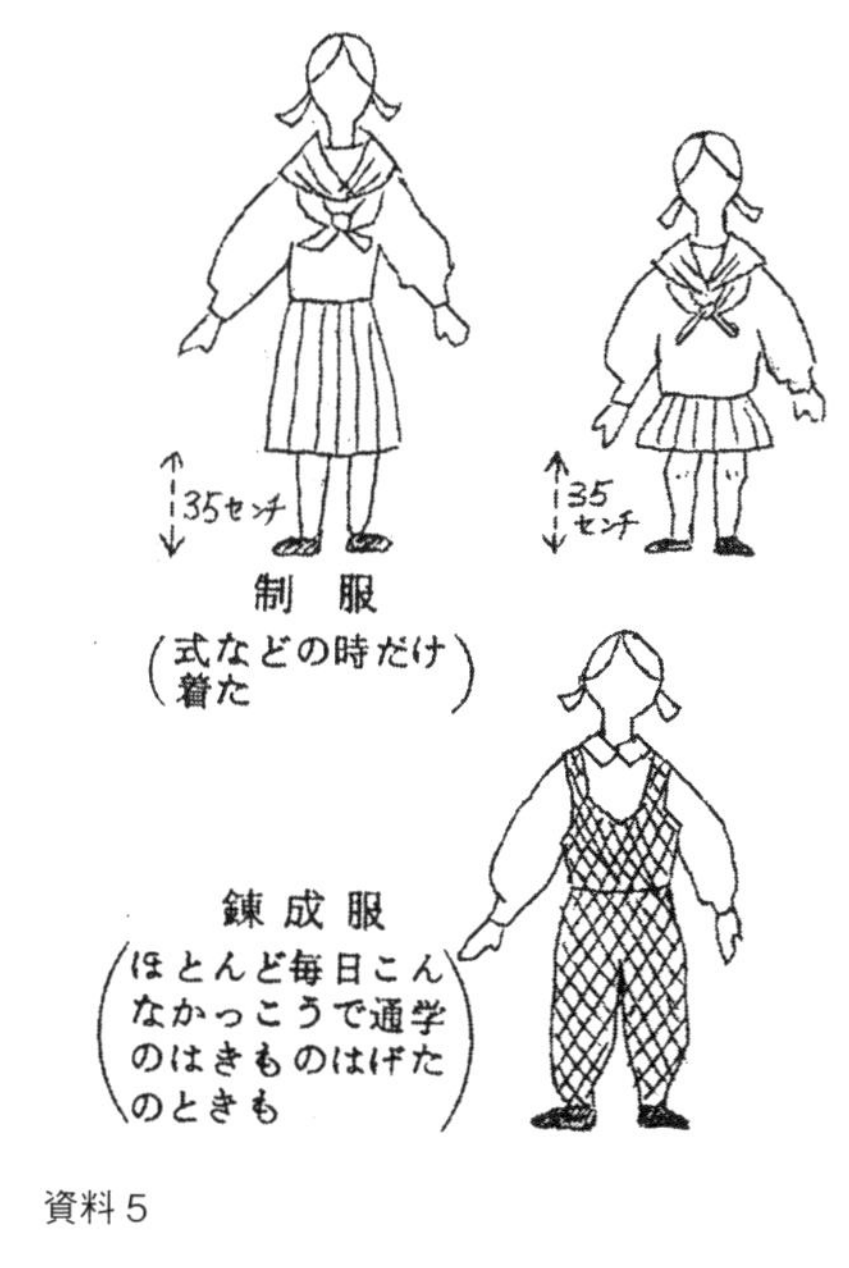

資料5

で揃っていると、見る側は気持ちがいいでしょうが、一人ひとりは悲惨です。私はちびでしたから、せっかく女学校に入ったのに膝小僧丸出しでした。その制服も着るのはまれで、日常は錬成服（いわゆるモンペ）を着ていました。錬成服を着ていると何か頑張ってて、戦争に勝つような気がしたものです。それでも運動が苦手で、何かにつけて引け目を感じることが多かったのですが、折々に割り当てられる慰問文やポスターを引き受けることでしのいでいました。

一九四一年の十二月八日には米英両国に宣戦布告し太平洋戦争が始まりました。どこからか依頼があったのでしょう、ある日美術の教師に「鬼畜米英撃滅」のポスターを描いてくるようにと立派な用紙を渡されました。なにを描いたらいいだろうと考え考え、「鬼畜米英」「鬼畜米英」とつぶやきながら帰りました。家に着いて勝手口を開けて台所を見ると、母が肉挽き器でなにやら挽いていました。もう肉など手に入ることはありません。大豆か何かだったでしょうが、途端にこれだと思いました。用紙の上半分に憎い憎いチャーチルとルーズベルトの似顔を大きく描き、体を小さく描いて肉挽き器に入れました。そして下から血肉が滴り落ちるところを丁寧に描きました。我ながらいいアイディアで上手く描けたと満足して明日を待ちました。学校に着くや教員室の前で教師が来るのを待ちました。教師について教員室に入り、渡して褒め言葉を待ったのですが、広げて一瞥すると彼は黙ってもとのように巻いて返してよこすのです。よく見てほしいともう一度彼のほうに押したのですが、もう彼は私の顔も見ませんでした。今考えると、彼は、自分の意に染まないことには最小限の協力しかしないことで、自分に忠実に生きた人であったと思います。それでも、教師であるだけで、十分国家に忠実であることを思い知ったのだと思います。

このとき、せめて一言「これは人道に反する」とでも言ってくれれば、その後の私の生き方は変わったかもしれませんが、〝大人は駄目かも……私たちが頑張らなければ〟と思ったものです。

「この世で会えなかったら靖国で会いましょう」

この言葉は当時の若者のはやり言葉でもありましたが、

卒業後のことを考えているとき、ボーイフレンドが海軍予備学生になりました。言い残した「この世で会えなかったら靖国で会いましょう」は、実感をもって胸に迫ってきました。彼が戦死して、私が喪服を着て靖国にお参りに行く、というのでは済まないように思えてきて、私も靖国に行くことを考えました。女でも靖国に行ける所はと考えたとき、日本赤十字社救護看護婦養成所がありました。すぐにもうそこに行くしかないと考えるようになりました。そこに行くと言うと家族は反対しました。反対が大きければ大きいほど、自分の中で行く値打ちが大きくなってくるのです。そうこうしているうちに内地各地の養成所の入試は終わってしまい、京城（現・ソウル）だけになってしまいました。選んだわけではありませんが京城に行きました。

京城駅は中之島公会堂そっくりでした。光化門越しに仰ぐ日帝侵略の象徴朝鮮総督府を麗しい内鮮融和、内鮮一体の象徴と見ました。そのような目で見ると朝鮮の人は条件の悪い仕事を能率悪くやって、マッカリ飲んで喧嘩ばかりやっているように見えました。少し考えれば分かることです、土地も言葉も名前も取り上げ、そうするしかないようにしていたのは誰か、が。しかし当時はあたかも朝鮮人の特性のように思っていました。

日本赤十字社救護看護婦養成所が設置されていた京城赤十字病院は西大門にありました（現・ソウル赤十字病院）。今行ってみると、至近距離に西大門独立公園があります。そこは西大門刑務所の跡地で、獄舎が死刑場と共に保存されています。多くの抗日の志士が拷問のすえ命を落とした所ですが、当時そこで何が行われているかはもちろん、刑務所であることさえ知りませんでした。旗と歌に唆されたとは言え、無知のゆえ侵略者の役割を果たしたことを恥じなければなりません。

入学した救護看護婦養成所甲種一年生四五人の中には、四人の朝鮮半島出身の方がいました。梁貞順さんは梁川芳子さん、劉貞徳さんは玉川貞子さん、徐南姫さんは芳村圭子さんでした。本名を知ったのは戦後になってからですが、もう一人の木谷さんは消息も分かりません。いっしょに宮城遥拝、「皇國臣民ノ誓詞」の朗誦から始まる毎日を過ごしました。

そこで受けた教育については、きちんと検証しておかなければと思いながらまだできていません。日本赤十字社の戦争責任も問われていません。

日本赤十字社の戦争責任

入学してまず与えられた日本赤十字社救護看護婦養成教育課程の冒頭には「日本赤十字社は戦時においては陸海軍軍務を幇助し……」とありました。今考えると国際赤十字の精神に反するのではないかという気がしますが、これだからこそ私は来たわけだし、靖国につながっていたわけです。

短い期間であっても看護婦としての教育を受けたはずですが、それらしいことは全く身に付いていません。ひたすら陸海軍の戦時衛生勤務の幇助を学んでいたようです。よく知られているように、日本赤十字社は一八七七（明治十）年に西南戦争の戦場での双方の負傷者救護のために設立された「博愛社」を前身にして、一八八六年に再組織して日本赤十字社になります。皇室と深い関係を結び支援を受けながら、日清、日露の戦争では救護班を派遣し双方の救護に当たるほか、捕虜も丁寧に扱っています。

それが昭和初期の不況の中、軍が権力を握り「大東亜共栄圏」の構想が打ち出されると、国際的な赤十字運動の精神は発揮することはできなくなり、一九三〇年代以降は外見・形式上はともかく、日本赤十字社は軍当局によって軍のみに奉仕する組織に堕落してしまいます。

ちなみに、軍歌の中で、日本陸軍八節（衛生兵）の

「戦地に名誉の負傷して　収容せらるる将兵の
命と頼むは衛生兵　ひとり味方の兵のみか
敵も隔てぬ同仁の　なさけを思えや君の恩」

討匪行の十四節

「敵にはあれどなきがらに　花を手向けて懇ろに　興安嶺よいざさらば」

婦人従軍歌の五節

「味方の兵の上のみか　言も通わぬ敵までも
いとねんごろに看護する　心の色は赤十字」

などの節が歌われなくなりました。

日本赤十字社令は一八八六年以来改正を重ねていますが、戦前最後のものは

日本赤十字社令

明治四十三年五月二十日　勅令二二八号

改正　昭和一三年第六三五号

朕日本赤十字社条例改正の件を裁可し茲に之を公布せしむ

（総理、陸軍、海軍大臣副署）

日本赤十字社令

第一条　日本赤十字社は救護員を養成し救護材料を準備し陸軍大臣海軍大臣の定る所に依り陸海軍の戦時衛生勤務を幇助す

第二条　日本赤十字社社長及副社長は陸軍大臣海軍大臣の奏請に依り勅任す

第三条　陸軍大臣海軍大臣は第一条の目的の為日本赤十字社を監督す

日本赤十字社に於て病院を開設移転又は閉鎖せむとするときは陸軍大臣海軍大臣の認可を受くへし

第四条　陸軍大臣海軍大臣は日本赤十字社の申請に依り陸軍衛生部将校海軍軍医科士官を日本赤十字病院に派遣し患者の診断治療其の他救護員の養成に関する事務を幇助せむことを得

第五条　陸軍大臣海軍大臣は日本赤十字社救護員制服を認可し之に帯剣せしむることを得

第六条　陸軍大臣海軍大臣は何時にても官吏を派し日本赤十字社の資産帳簿等を検査せしむることを得

第七条　陸軍大臣海軍大臣は何時にても日本赤十字社に命じて其の事業に関する諸般の状況を報告せしむることを得

第七条の二　陸軍大臣海軍大臣は日本赤十字社の事業に関し監督上必要なる命令を為すことを得

第八条　陸海軍の戦時衛生勤務に服する日本赤十字社救護員は陸海軍の紀律を守り命令に服するの義務を負う

第九条　陸海軍の戦時衛生勤務に服する日本赤十字社救護員及救護材料等の官用輸送機関に依る輸送は陸海軍人及軍用品に準ず

第十条　陸海軍の戦時衛生勤務に服する日本赤十字社の理事員医員調剤員及看護婦監督の待遇は陸軍

各部将校海軍将校相当官に、書記調剤員補看護婦長及看護人長の待遇は下士官に、看護婦及看護人は兵に準ず

第十一条　陸海軍の戦時衛生勤務に服する日本赤十字社救護員の給与は陸軍大臣海軍大臣の定る所に依り之を官給することを得

（原文は旧漢字、ひらがな部分はカタカナです）

というもので、一読して全く軍の管理下にあったことが分かります。

さすがに戦後は、一応、戦時色は一掃され、一九五二年に次のような日本赤十字社法が成立しました。

日本赤十字社法

昭和二十七年八月十四日　法律第三〇五号

（法務、大蔵、文部、厚生、郵政大臣署名）

第一章　総則

（目的）

第一条　日本赤十字社は赤十字に関する諸条約及び赤十字国際会議において決議された諸原則の精神にのっとり、赤十字の理想とする人道的任務を達成することを目的とする。

（国際性）

第二条　日本赤十字社は、赤十字に関する国際機関及び各国赤十字社と協調を保ち、国際赤十字事業の発展に協力し、世界の平和と人類の福祉に貢献するよう努めなければならない。

（自主性の尊重）

第三条　日本赤十字社の特性にかんがみ、この自主性は、尊重されなければならない。

第四条　日本赤十字社は、法人とする。

二　日本赤十字社は、社員をもって組織する。

（以下、定款及び、第二章社員、第三章管理は略）

第四章　業務

（業務）

第二十七条　日本赤十字社は、第一条の目的を達成するため、左に掲げる業務を行う。

1　赤十字に関する諸条約に基く業務に従事すること。

2　非常災害時又は伝染病流行時において、傷病そ

の他の災やくを受けた者の救護を行うこと。

3　常時、健康の増進、疾病の予防、苦痛の軽減その他社会奉仕のために必要な事業を行うこと。

4　前号に掲げる業務のほか、第一条の目的を達成するために必要な業務。

二　前項第1号及び第2号に掲げる業務には、第三十三条第一項の規定により国の委嘱を受けて行うものを含むものとする。

第二十八条　日本赤十字社は、前条第一項第1号及び第二項に掲げる業務（以下「救護業務」という）に従事させるために必要なもの（以下「救護員」という）を常時確保しておかなければならない。

と、あります。大きく変わったように見えて、実は陸海軍が国に替わっただけかもしれません。国の委嘱を受けて行うものを含むというのですから、国が必要とするときはいつでも日本赤十字社は利用できるということになります。そういえば朝鮮戦争のときには日本赤十字社出身の看護婦が招集されています。赤十字血液センターからかなりの血液も送っています。最近よく行われる防災訓練には、自衛隊と共に日赤が参加しています。防災といってもその災は様々ですが、非常災害の第一は戦争です。

鐵嶺陸軍病院から八路軍へ

一九四四年、養成期間が三年から短縮されて二年で卒業してしまいました。多くの同僚が南方に行くなか私だけ欠員補充で、「滿洲」の第八九部隊と呼ばれていた鐵嶺陸軍病院に派遣されました。鐵嶺は奉天（現・瀋陽）の七〇キロメートルほど北にある、山あり川ありの風光明媚なところです。そこも日本の侵略に対する抵抗の歴史のあるところですが、全く知りませんでした。

病院ですから他の兵科とは少し違うでしょうが、軍隊は軍隊です。要領の世界です。要領の悪い人が本当に苦労していました。入院患者はほとんど「北支」、「中支」での傷病者で、長期療養の人が多く、原隊復帰する人はまれでした。

赴任して一年も経たないうちに敗戦を迎えました。どうしていいか分からず、あとで困るのですが、その日は一日壊れるものを片っ端から壊したように思います。
数日後にソ連兵が進駐して来て、練兵場で武装解除が行われました。最初に来たのは囚人部隊だったなどと言われていますが、私たちが見た多くは子どものようで、自動小銃を引きずるようにして歩いていました。装備も粗悪でした。私たちの持ち物がみんな珍しいらしく、時計やカメラを取られました。次に国民政府軍が来てあるものは全部持って行きました。そのあと人民解放軍の前身である八路軍がやってきて、私はその人たちと一年ほど行動を共にすることになります。

八路軍＊に入ったのは、決してその在り方に共鳴していたからではなく、全くなりゆきです。私でなければ他の誰かだったのです。そのころの戦闘の全体状況はよく分かりませんが、国民政府軍相手に不利な戦いが続いていたのでしょう、ひたすら鉄路から離れた僻地を北に向かって行軍の毎日でした。入って驚きました。当時の八路軍は毛沢東の「三大規律・八項注意＊」がきちんと守られていました。

当時八路軍は階級章を付けていませんでした。「拉致」された私も、行軍の途中で拾われた小鬼（少年兵）も待遇は平等でした。食糧は乏しかったのですが、あまり飢餓感を持つことはありませんでした。飢餓感は量だ

＊八路軍（国民革命軍第八路軍）……抗日戦争中、華北にあった中国共産党の軍隊。華中・華南の新四軍（国民革命軍新編第四軍）とともに抗日戦の主力であった。日中戦争後（一九四七年十月）、人民解放軍に改編。

＊三大規律・八項注意……一九二八年毛沢東によってつくられたものであるが、一九四七年、あらためて中国人民解放軍総司令部から公布された。

＊三大規律　（一）いっさいの行動は指揮に従う。
（二）大衆のものは針一本、糸ひとすじも奪ってはならない。
（三）すべての鹵獲品（＝敵や地主から没収したもの）は公のものとする。

＊八項注意　（一）言葉遣いはおだやかに
（二）買い物は公正に
（三）借りたものは必ず返す
（四）壊したものは弁償する
（五）人を殴ったり罵ったりしない
（六）農作物は絶対に荒らさない
（七）婦人をからかわない
（八）俘虜を虐待しない

けでないことを知りました。平等に分けられているとき、どんなに少なくてもほとんど飢餓を感じないのです。一日高粱のお粥一杯という時期もありましたが、隊長も今日入った小鬼も一緒に鍋を囲んで啜るとき、日本の軍隊との違いにある満足感さえ覚えたものです。

　寒さに向かうなか、砂漠かと思えばずぶずぶぬかる湿地帯を歩く毎日は楽ではありませんでした。八路軍に行くことになったとき、同僚たちは倉庫に残っている中から一番上等な革靴を選んでくれました。八路軍の仲間が「プーシエ（布靴）がいいよ」と言ってくれるのですが革靴が勿体なくて豆だらけになりながら履き続けていましたが、ある日我慢できなくなり、貰ったプーシエを履いてみたら、その履き心地のいいこと。履いているうちにその重宝さを知らされます。プーシエはそう長持ちしません。でも破れるとまたぼろを集めて作ってくれるのです。

　だんだん馴染んできて、ずっとこの人たちと行動を共にしてもいいなとも思ったりするようになったとき、昂昂渓（アンアンシー）の駅に着きました。ここから列車で移動するそうです。行き先はどうやら佳木斯（チャムス）のようです。汽車を見た途端、ひょっとしたら日本に帰る方途があるかもしれないと思い、列車が哈爾浜（ハルビン）に着いたとき、仲良しだった小鬼に「ちょっとだけ日本を見てくる」といって離脱しました。

　哈爾浜には各地の開拓団からの難民があふれていました。

　引き揚げには人並みの苦労はしましたが、行ったことが悪い（侵略の一環として）のですから語りません。よく引き揚げの苦労を被害のように語る人がいます。語るなら、なぜそこに行ったかを突き詰めてほしいのです。そうすれば本意ではないでしょうが、必ず侵略の一環であったことが分かるはずです。

再び軍国少女をつくるな

　小鬼に言った「ちょっとだけ」が六〇年過ぎてしまいました。再び軍国少女をつくらないため、まずは、旗と歌に唆されて戦争をして天皇のために費やした私の青春を取り戻そうと生きてきたわけですが、まだ取り戻せていません。耄碌して探し物ばかりしているのに、身に付いてしまっている教育勅語や軍歌はすらすら出てきます。これでは死ぬとき「天皇陛下万歳」と言わない保証はありません。まともな世の中になっていなければ、死んでも反天皇制・反戦の運動を続けなければなりません。

第六回「軍国少女を生きて」感想

「教育」は人々をつくり変える装置

小園優子（「日の丸・君が代」の法制化と強制に反対する神奈川の会）

「戦争は教室から始まる」というタイトルの、全六回の連続学習会の案内を見て、私は「まさにそのとおりだった」と参加する気になった。

というのは、我が子を育てつつ戦後を生きていくなかで、常に私の受けた教育、あの教室の風景とは何だったのかと思い出さずにいられなかったからである。そんな折、「……〝銃後〟ということばは、主に十五年戦争の過程で頻繁に使われ、女たちに『銃後の護り』を強要しました。（中略）〝銃後の女たち〟になるかもしれない私たち、すでに形をかえてなっているかもしれない私たちを、かつての〝銃後の女たち〟を見ることによって対象化するために、他者あるいは他国の人々を踏みつけにしない私たちの解放の方向をさぐるために、このささやかな機関誌をあらしめたい。一九七七年十一月一日」と刊行の言葉に書かれた『銃後史ノート』を発刊する仲間と出会って、私はずっとこだわってきた教育の問題に焦点をしぼり、まず書き始めたのが「国民学校の回想」だった。

一九四一年四月、私は初めて校門をくぐった。それまで「尋常小学校」と称されていた学校の名がこの年より「国民学校」と改められ、教科書も国定第五期の最も忠君愛国思想のこめられた皇民化教育徹底版に書き換えられた。そして同年十二月には「御稜威（みいつ）輝く大東亜協栄圏」建設のため、と称した「大東亜戦争」という名の第二次世界大戦が開始された。

そこでの教育は四大節（一月一日の四方拝、紀元節、天長節、明治節）の折の「教育勅語」の奉読、毎朝励行の「奉安殿」への最敬礼をはじめとして、子どもたちを天皇の赤子としての皇国臣民に育てあげることだった。それ故にこの期の教科書は、修身を中心にすべての教科が統合され、全篇が軍事的色彩の濃いものとなった。『ヨイコドモ』という一年生の修身の最初のページを開くと、二重橋の写真が色刷りで二ページにわたっていた。『ヨミカタ』という国語の第一ページは「サイタ　サイタ　サクラガ　サイタ」から「アカイ　アカイ　アサヒ　アサヒ」へと、まさに日出ずる国「日本」と「日の丸」を象徴するものに変えられた。そして、修身・国語で学んだ内容と同じものを音楽の時間には声を合わせて歌わされ、お習字の時間には筆を持って書くという日常だった。初めての書初めは「ノボルアサヒ」で、私の作品は上野の美術館だったかに展示されたのでよく覚えている。年に一度の運動会や学芸会も、軍国調の歌で遊戯が舞われた。

私たち国民学校の世代は、生まれたときから戦争で、気がついたときには出征軍人を送り出す旗の波の中にいたし、戦死した白い木箱の英霊を迎える悲しみの列にじっとたたずんでいた。テレビどころかラジオと新聞だけが唯一の報道手段だったあのころ、町から離れた山に近い地で育った連れ合いの家には、ラジオも新聞もなく、教科書だけが唯一の読み物だったという。

字を習い、覚えたばかりのそうした子どもたちが学校で接する教師と教科書は、他に比較するものがなかったから絶対のものと受け止め、「ススメ　ススメ　ヘイタイ　ススメ」「ヒノマルノ　ハタ　バンザイ　バンザイ」と教えられると、みんな素直に「軍国少年・軍国少女」に育っていった。

学習会第六回で「軍国少女を生きて」という北村さんの話を聞いてびっくりしたのは、私より一〇歳も年上で、まだ軍国調の少ない第三期の教科書で学んだはずの人が、まさに軍国少女に仕立て上げられて、戦争末期には「靖国で会おう」と言い交わしたボーイフレンドと靖国で会うための死の手段として、女学校卒業後に従軍看護婦の道を選んだことだった。

戦争末期の一九四四年頃から次第に爆撃が激しくなり、私は東京の両親の膝元を離れて大雪の新潟県に集団疎開し、悲惨なハラペコ戦争の中でも、天皇のため、国のために「欲しがりません　勝つまでは」の標語を胸にじっと耐えてきた。あのとき、敗戦を迎えずに引き続き皇国の少国民に育てあげられていたら、私たちはたぶん北村さん以上の軍国少女に育ちあがっていただろう。

焼け野原の東京に戻ってきて、昨日まで絶対に正しいものと教えられてきた教科書に墨を塗らされ、「教育勅語」とともに「御真影」と称する天皇夫妻の写真が納められた「奉安殿」の解体を見たショックは、私の人生にとって最初の衝撃とも言えるものとなった。その後もたらされた新しい憲法の発布や教育基本法による民主主義教育の出発は、今までとは違った未来が開けるようで、前途がキラキラと美しく輝いていた。

ガラリと変わったそうした戦後教育も、今や先祖返りしたかのようで暗澹とした思いが先に立つ。教育とは常に人々、特に何も知らない子どもたちの心をまず改造する装置なんだと、我が身を振り返ってつくづく思うのです。

第七回

道徳の教科化

——徹底した徳目主義

電車の中で豪華なランドセルを背負った子に出会いました。思わず「あらー素敵なランドセルね」と言ったら、くるりと向きを変えて「ありがとうございます」と言うのです。ふと、教科化された道徳教育の成果かと思ったのですが、降りてエレベーターに乗ろうとすると、さっと集まった若者たちにふさがれて、年寄りはなかなか乗れません。教科化のきっかけになったいじめも増え続けています。小学校では二〇一八年度から、中学校では二〇一九年度から道徳が教科化されました。

教科化は大問題

道徳の教科化は大変な問題です。にもかかわらず、それほどの問題とは受け止められていないことが大問題です。道徳の教科化については国家による価値観の押しつけであり、愛国心教育に他ならないという批判がありますが、それ以上に教科になったことで評価が行われることが問題です。学校が個人の道徳性に関して公的に判断を下すことであり、心の状態について公的なまなざしが迫ってくることで、心が国家の管理下に入ってしまうということです。これを問題視しないということはすでにもうその状態になっているということかもしれません。

戦前の教育は教育勅語に従って行われてきました。修身はそれを一二の徳目で説き、窮極は「天壌無窮の皇運の扶翼」で、各教科はその実践編でした。

一九四五年、GHQの指令により修身は停止され、一九四六年には日本国憲法が公布(四七年施行)、一九四七年には教育基本法が公布・施行されます。文部省は一九四七年三月に学習指導要領一般編(試案)を発行します。これはあくまでも試案で法的拘束力はありません。もちろん道徳はありませんでした。

この状態は一九五八年に教育課程審議会が道徳教育の徹底・基礎学力の向上を基本にして答申を出し、学習指導要領が告示(実施は小学校一九六一年、中学校一九六二年)されるまで続きます。学習指導要領が試案であった時代、小学生だった池田祥子さんは「学校がほんとうに楽しかった」と語っていますが、同時代、小学校教員だった私も同感です。教材教具など物は何もないなか、子どもと教師で工夫して教育を作り出していくという毎日でした。(一九四三年生まれの池田さんが小学生のころは、すでに警察予備隊ができ、天野文部大臣が修身復活の必要性を表明していました。サンフランシスコ講和条約が発効するや遺児の靖国神社集団参拝も行われるようになりました。国は着々と軍事化へと向かう動きがありましたが、教室の中まで及ぶことはありませんでした。）考えてみれば、その後の私の勤務評定反対闘争・学力テスト反対闘争・道徳教育伝達講習反対闘争などの反権力闘争はあの時代を取り戻そうという闘争だったように思えます。

道徳が現れるのは一九五八年、学校教育法施行規則を改訂して教育課程に「道徳の時間」（年間三四〜三五時数）を特設してからです。しかし、以来六〇年間、多くの学校現場では学級活動などに有効に使い、指導要領に示された三六項目を実施することはありませんでした。

教科化に至る経過

第一次安倍政権（二〇〇六年九月〜二〇〇七年八月）は、二〇〇六年十二月十九日に憲法と一体のものとして制定された教育基本法を（個の人格の形成から国家の形成者へ）改悪しました。それについて安倍首相は「教育の目標に日本の歴史と文化を尊重することができた」と誇らしげに語り、さらに「我が国と郷土を愛し文化と伝統を培うとともに、われわれ大人は道徳をきちんと教える責任があるのです」とも述べています。この念願が道徳の教科化の実現に至るのですが、もとは第一次安倍政権の「教育再生」政策にありました。首相直属の教育再生会議が「第二次報告」（二〇〇七年六月）で「道徳の教科化」を提言し、伊吹文明文科相が中教審に諮問しました。しかし、当時は評価や教科書作成などに問題が多く、正規の教科に馴染まないとして実現しませんでした。

二〇一一年、大津の中学生がいじめで自殺した事件を利用して浮上させ、第二次安倍内閣が二〇一三年一月に設置した首相直属の教育再生会議が、わずか三回の議論でいじめ問題等への対応について第一次提言を出し、「いじめ防止対策推進法の制定（二〇一六年六月）と道徳教育の教科化が必要」と主張しました。これを受けて下村博文文科相は中教審に諮問せず「道徳教育の充実に関する懇談会」を設置しました。この懇談会に貝塚茂樹ら道徳の教科化推進者を入れ、二〇一四年二月「道徳教育の教科化が必要」という報告を出しました。実行会議の提言とこの報告に基づいて下村博文文科相は道徳の教科について中教審に諮問しました。諮問に先立って中教審の再度の反対を避けるため、桜井よし子氏らを中教審委員に任命していました。そうして中教審道徳専門部会が「特別の教科道徳」として正規の教科に格上げするという答申を出しました。答申は、次のようなものです（要約）。

道徳教育は教育の中核をなす。
1、正規の授業として義務化する
2、道徳を要に教育活動全体で展開する
3、検定教科書を導入する
4、数値的ではないが、教育の効果や行動面を文章で表現する

そして、二〇一八年度からこのとおり実施されています。

一九五八年に「道徳の時間」が導入されたにもかかわらず、実態として実施されてこなかったのは現場の教師はもちろん、世論として道徳すなわち修身の復活として拒み続けてきたからです。しかし、道徳すなわち修身は首位教科としてすべての教科を支配してきました。まさに教育勅語の復活です。今、同様の戦争への道へ踏み出しました。すでに「憲法や教育基本法に反しないような形で教育に関する勅語を教材として用いることまでは否定されない」と言う閣議決定もなされています。

※これまで道徳の必要性を叫んできたのは、嘘やごまかし強弁で言い逃れ、全く責任を取ろうとしない政治倫理・行政規範の底が抜けたような権力者たちでした。本質を見極めなければなりません。

小学校道徳の「二二項目」

A　主として自分自身に関すること

①善悪の判断、自律、自由と責任　②正直、誠実　③節度、節制　④個性の伸長　⑤希望と勇気、努力と強い意志　⑥真理の探究（五・六年）

B　主として人との関わりに関すること

⑦親切、思いやり　⑧感謝　⑨礼儀　⑩友情、信頼　⑪相互理解、寛容（三年以降）

C　主として集団や社会との関わりに関すること

⑫規則の尊重　⑬公正、公平、社会正義　⑭勤労、公

共の精神　⑮家族愛、家庭生活の充実　⑯よりよい学校生活、集団生活の充実　⑰伝統と文化の尊重、国や郷土を愛する態度　⑱国際理解、国際親善

D　主として生命や自然、崇高なものとの関わりに関すること

⑲生命の尊さ　⑳自然愛護　㉑感動、畏敬の念　㉒よりよく生きる喜び（五・六年）

※中学校は高学年と同じです。

この二二の項目は、修身を彷彿とさせます。いじめや環境問題を背景に命の大切さや他人を思いやる心を身に付けることが目的のように見えますが、いじめ問題で最も考慮すべき基本的人権についてはっきりと触れた項目はありません。そして、基本的人権を無視して自己犠牲を国民に説いたのが戦前の修身でした。

教科書

新設された「特別の教科　道徳」の小学校教科書検定には、光村図書、教育出版、廣済堂あかつき、学校図書、光文書院、学研教育みらい、東京書籍、日本文教出版の八社が申請しました。

経過は、文科省が「我が国や郷土の文化と生活に親しみ愛着をもつという点が足りない」と指摘したところ、出版社が日本らしいものに修正し、感謝の対象は高齢者がよかろうと忖度して消防団のおじさんをおじいさんに変えたり、パン屋を和菓子屋に、アスレチックで遊ぶ公園を和楽器を売る店に差し替えたりして、女性週刊誌に載るなど巷の話題にもなり、果ては「伝統文化や愛国心を教えるのに和菓子屋や和楽器にすがるとは情けない」と揶揄されたりしましたが、検定意見は道徳のはじめての教科書にしては異例の少なさでした。戦後初めての道徳教科書ということもあって、不合格を恐れて八社とも自社の特性を出すことより学習指導要領の意を汲んで慎重に自主規制した結果です。どの社も教材の多くを文科省著作の『私たちの道徳』や『小学校道徳読み物資料集』に掲載された作品から選んでいるため、みんな似たり寄ったりの内容で画一的な印象でした。

教科書は商品ですが、商品になるためには検定を通ら

なければなりません。検定を通って商品になったら売れなければなりません。売れるには各教育委員会に採択されなければなりません（教師の採択権は無償化と引き換えに奪われています）。教科書出版会社は、二〇〇四年のN社の倒産を忘れません。かつて好評で多くの中学校で使用されていたN社版歴史教科書は、「新しい歴史教科書を作る会」などの跋扈のなかでもきちんとした歴史観を堅持し「慰安婦」も「侵略」も記述しました。検定には通り現場の期待も高かったのですが、「自虐」攻撃を受け、教育委員会は混乱を恐れ、全く採択しませんでした。結果、N社は倒産に陥りました。こうして教科書は政権の思うままになっていきます。

申請が予想された育鵬社は出版しませんでしたが、育鵬社から流れてきた編集メンバーが加わった教育出版が変わりの役割を果たしているようです。国旗・国歌を異常に大きく取扱い、オリンピック・パラリンピックで歌われる歌・旗を、国歌・国旗に限られるように書いたり、君が代斉唱時の起立・礼の行動を写真入りで説明したり、安倍首相を含む政治家の写真を必然性もなく取り上げたりで問題が多く採択の争点になりましたが、かなりの子ども（率にすれば八・六％、五七万人）に渡ってしまいました。

教科書による授業

道徳は予習のいらない教科、正答は教科書に書いてある、という評判です。

年間に行われる三五時間の授業時数に合わせて道徳の教科書は三五の作品を用意しています。似たり寄ったりと言われるとおり、八社すべて一年生には「かぼちゃのつる」が載っています。二一の項目のうちの「節度・節制」に当たる作品です。かぼちゃがみんなの注意も聞かず、勝手につるを伸ばして、走ってきた車に轢かれ、涙を流して泣くという話です。学習指導要領は「考え、議論する道徳」を強調し、発問に「かぼちゃは泣きながらどんなことをおもったのだろう」と形を整えて、自分のことを考える課と示されています。子どもは素直に教師の心を読み取ります。たとえ納得いかなくても世間ではこうなのだから従うものだということを内面化する教材の典型です。

五年生用には、やはり八社に載っている「手品師」があります。項目「親切・思いやり」に当たります。手品師が子どもとの約束を守るため、大劇場でのデビューを棒に振って一人だけに手品を披露した物語で、四〇年以上前の文部省の読み物教材です。六社が収録している「青の洞門」も項目「感動・畏敬の念」として載っています。これは菊池寛の『恩讐の彼方に』のダイジェスト版ですが、従来の道徳の副読本に収録されていたものです。

こう見てみると、抜本的改正という触れ込みに反して従来の副読本がそのまま検定教科書になったようなものです。定番化した作品に限りませんが、よく見ると「かぼちゃのつる」同様、どの作品にも答えるべきポイントが堂々と示されています。「手品師」では、最後に「誠実に生きるとはどういうことだと思いますか」という発問がありますが、見出しが「誠実に生きる」です。教科書は徳目に従って予定調和的な答えが返ってくるように仕組まれています。教師がそれに従っていれば、子どもたちは教師の顔を見るまでもなく、手品師が大劇場でのデビューを棒に振って子どもとの約束を果たしたことを讃え、「誠実が大切だと思います」と感動を述べてくれるでしょう。

この状況が教科化の真の目的でしょうが、まさに教育の危機です。教師が子どもたちの内心の自由、生き方の探究と選択の自由を踏みにじることになります。忙しさにまぎれて安易に手を貸すことなく、冷静に踏みとどまって子どもの声を聴きませんか。とりあえずは情報化社会の現実的な意見しか出ないかもしれませんが、将来設計を考えるきっかけはつくれると思います。表向きでしょうが、学習指導要領の道徳の目標には「多面的・多角的に考え、判断する能力、道徳的心情、道徳的行為を行うための意欲や態度を育てる」とあります。未来を生きる子どもの考えを生かす教材にもできます。

愛国心、伝統・文化の押しつけ――中学校道徳教科書

二〇一七年度に行われた初めての中学校道徳教科書検定では、前年の小学校検定で要領が分かり、教科書会社が十分に忖度・自主規制したからでしょうか、検定意見も日本教科書を除いて多くありませんでしたが、道徳教科化の問題点が露わになってきました。

申請したのは東京書籍・学校図書・教育出版・光村図書・日本文教出版・学研みらい・廣済堂あかつき・日本教科書の八社ですべて合格しました。日本教科書以外は小学校道徳教科書を発行した会社です。

新入の日本教科書株式会社は、安倍首相のブレーンとして知られる八木秀次・麗澤大学教授（日本教育再生機構理事長）を代表取締役社長として、二〇一六年四月に設立されました。設立時の所在地は日本教育再生機構の事務所と同じところでした。八木氏は道徳の教科化などを提言した安倍首相直属の教育再生実行会議の有識者委員で、道徳の教科化を推進した中心人物です。八木氏は二〇一六年九月に日本教科書の代表取締役を退任し、武田義輝氏が就任しました。武田氏は『マンガ嫌韓流』（山野車輪著）や元在特会会長の桜井誠氏の本などのヘイト本を多く出版している晋遊舎の代表取締役でもあります。日本教科書の所在地は晋遊舎の中にあります。日本教科書は「道徳教育専門の出版社」で「文科省検定教科書の発行と供給」を主な事業とすると述べています。

マスコミは検定済みの中学校道徳教科書を「愛国へ日本礼賛続々」とか「『国を愛する態度』評価へ」「すべてに『いじめ』記述」「敬意や思いやりも固有文化？」「五輪・パラ選手や話題登場」などと書きたてましたが、教材の多くは『私たちの道徳』（文科省）、『中学校道徳読み物資料集』（文科省）などからの引用が多く、まさに愛国心の押しつけと鼓舞、礼儀正しい日本人、頑張る障害者像の刷り込み。

そして数値的評価はしないと言っていたにもかかわらず、日本教科書・東京書籍・教育出版・日本文教出版・廣済堂あかつきの五社で生徒自身が段階を付けて自己評価をする頁や項目があります。国への貢献や愛国心につながる評価項目もあります。教師による評価のよりどころにならないとは限りません。

例を挙げれば、東日本大震災後の日本人の振る舞いを讃える海外の報道を紹介して「危機の中で法に従い、秩序を守る気高さこそが、日本人の素晴らしい国民性」と誇り（教育出版）、礼儀を学ぶコラムで「日本の文化には相手に対する経緯や思いやりを大切にする伝統があります」（学校図書）と日本国民性のよさと強調する一方、学校図書と廣済堂あかつきの』一年に、王貞治さんの随筆「国」があります。その中には「祖国、という言葉は美しい言葉だ。中国と言う言葉、日本という言葉と同じように。私は後楽園球場で日本シリーズが行われるときなど、試合前に国旗が掲揚される場合に、お客さんたちの中に座ったままの人がいることが不思議に思える。国旗が掲揚されるときには、総員脱帽とまではいかなくても、起立ぐらいしたら、という気持ちになってしまう。それが国に対する礼儀ではないかと私は思う」というくだりがあります。読んだ後の設問に（日の丸が果たしてきた歴史を教えることもなく）「祖国をよりいっそう愛するに足る国にしていくために、どのような国の理想像を描いていますか」とあります。

学校図書の二年に、車椅子ランナー廣道純を書いた『「これ以上、がんばれない」って平気な顔で言うな』があります。一五歳のときに事故で車椅子になったが、頑張りにつぐ頑張りでパラリンピックではシドニー八〇〇mで銀、アテネでは銅、二〇〇四年よりプロランナーとして独立している廣道は、「努力すればスーパースターになれることを見せてあげたい」と言います。彼の頑張りは称賛されて当然でしょうが、健常者はもっと頑張れと言われているようです。頑張れない障害者もいます。パラリンピックとも関わりますが、頑張る障害者とそうでない障害者が二分されそうで心配です。

なかでも日本教科書が特異な歴史観で突出しています。前に述べたような経緯で参入してきた同社は、侵略戦争の反省を全くせず、「苦しいなかでもよく頑張った日本人がいた」「植民地の人のために尽くしたよい日本人がいた」として「大地――八田與一の夢」（一年）、「ウズベキスタンの桜」（二年）、「白菊」（二年）、など近現代の出来事を並べています。白菊は新潟県長岡市の花火師が二〇一五年八月十五日にハワイのホノルルで戦死者鎮魂の花火「白菊」を打ち上げる話ですが、コラムには何の必然性もなく、安倍首相の戦争の反省のない演説を一頁にわたって掲載しています。今次の改訂で「スペシャルオリンピックス紹介」に差し替えています。現役政治家の教科書掲載は公平性から問題です。また三年には「自然や崇高なものとの関わり」の前に特定宗教団体の伊勢神宮を日本人の心のふるさととして詳しく紹介しています。評価についても日本教科書は非常に熱心で「中学生で身に付けたい二二の心」として「礼儀を大切にし、時と場に応じた言動を判断できる」「国を愛し伝統文化を受け継ぎ、国を発展させようとする心」「日本人としての自覚をもち、世界の平和や人類の幸福に貢献しようとする心」などを四段階のレベルで評価させる内容です。これこそあきらかに生徒の内心を数値で評価させるものです。絶対に子どもに渡したくない教科書です。少しでもマシな教科書をと、取り組む仲間とその旨を触れて歩きました。各地の親や教師は平和を願っています。そのため日本教科書を採択したのは、今回は大田原市、小松市（二）の三地区のみでしたが、日本教科書は次回に向けてさらなる拡大を狙っています。油断はできません。

改めて道徳の教科化を止められなかったことを残念に思います。日本の教育の大きな転換期です。もう教科化の撤回に向けて闘うしかないでしょう。

私の右腕の内側には一九五八年、道徳教育伝達講習反対闘争で受けた傷跡が残っています。傷跡が消えるにはまだ時間がかかりそうです。闘いが続くということでしょうか。

採択された道徳教科書の問題点を指摘してきましたが、今この状況下で人権意識の乏しいこれらの教科書を持って子どもたちの前に立つ教師たちの苦悩は計り知れないものがあると思います。ですが、できることなら戦争への途にはだかる壁になって貰いたいと望んでいます。それに教科書は全部使わなければいけないわけでもありません。また、下記の教材などは扱い方によっては子どもと一緒に深く考えることができるのではないでしょうか。

参考教材

【差別や人権を考える】

「誰も知らない」（学校図書、一年）…障害者への差別・偏見

「虹の国―ネルソン・マンデラ」（廣済堂あかつき、三年）

「伝えたいことがある」（東京図書、三年）…ビキニ事件

「いっぱい生きる全盲の中学校教師」（学研みらい、一年）

【戦争と平和を考える】

「アンネのバラ」（光村図書、二年）

「取れなかった一枚の写真」（光村図書一年）…吉田ルイ子

「ハゲワシと少女」（教育出版、三年）

「エリカ、奇跡の命」（日本文教出版、三年）

【いじめや人とのかかわり】

「卒業文集最後の二行」「私たちの道徳」（文科省）※五社が収録しています

「わたしのせいじゃない」（東京出版、二年）

「君、想像したことがある?」(廣済堂あかつき、二年)…春名風花
「あの子のランドセル」(東京書籍、二年)…本山理咲
「僕たちがしたこと」(学校図書、三年)…重松清

【性的マイノリティーや多様性に関するもの】

「だから歌い続ける」(日本教科書、二年)…性同一性障害
「僕の物語・あなたの物語」(光村図書、三年)…肌の色で差別しない
「ゴリラのまねをした彼女を好きになった」(日本文教出版、三年)

第八回

パラリンピックは障害者差別を助長する

日本はまだ原発過酷事故の緊急事態宣言下に在るというのに。新型コロナウイルスが大きな被害をもたらしているというのに。

それでもなお東京二〇二〇オリンピックを一年延期で開催しようとしています。それも、アメリカの世界メディア資本の都合で暑い時期に。関連業界は経済効果を狙い名誉欲と利権にからまれています。そのなかで選手には国家・所属体から日の丸が振られ、金メダルを取れと凄まじいプレッシャーがかかっています。

建前では東京都が開催都市ですが、開会宣言は名誉総裁である天皇が行い、閉会宣言は皇嗣である秋篠宮が行います。皇族の出番も増えます。

オリンピックは様々な弊害をもたらしていますが、パラリンピックではそれが凝縮した形で現れます。

増えるパラリンピック報道

以前は新聞では社会面にしか載らなかった障害者スポーツがスポーツ面にも載るようになりましたが、感動させるものはやはり社会面です。

合同パレードは対当への一歩か

二〇一一年六月に制定された「スポーツ基本法」に基づいて、二〇一二年三月に「スポーツを通じてすべての人々が幸福で豊かな生活を営むことができる社会」の創出を目指して、文科省の外局としてポーツ庁が創設されました（二〇一五年）。二〇一四年からは障害者のスポーツに関する事業は厚労省から文科省に移管されました。これに伴って、オリンピック競技のみを対象にしていた施策についてもパラリンピック競技を一体として推進することになりました。

二〇一六年十月七日、リオオリンピック・パラリンピックメダリストの銀座パレードの人気は凄まじいものでした。二〇一二年八月のロンドン大会後の場合は五輪のみで五〇万人が集まったそうですが、今回はパラ・メダリストとの合同パレードで距離も長くなり、観衆も大幅に上回りました。観衆はパラ・メダリストにより注目し、大きな歓声を上げていました。障害に配慮して車椅子のための観覧席も設けられました。車椅子席が設けられて見ることができたという障害者は身を乗り出して「パラ・メダリストが自分の頑張りを素直に誇っている姿に感動した」と言い、選手団副委員長は「共生社会を作っていく一歩だと思う」と言っていました。メダリストも「五輪の選手と同じように扱って貰えてうれしい」と語りました。マスコミは「活動・感動四年後も」「対等へ一歩」と報じました

たしかに、ほほえましい場面もありましたが、これを対等への一歩と見ていいのでしょうか。オリンピックという本流があってそれに合流するのですから、同じではありません。障害者差別は厳然として存在するなか、所詮、パラ・メダリストとは、障害者が残された健常な部分を鍛えて、機器の力を駆使して勝ち進んだ人たちです。多くの障害者はそうはなりません。したがって差別は拡大します。手厚い配慮で差別が進行するのです。

オリパラ教育でも

東京都教育委員会は二〇一六年一月に「東京都オリンピック・パラリンピック教育」（以下、オリパラ教育）実施方針を策定し、九六〇〇万円をかけて国旗・国歌の尊重を強要した「オリンピック・パラリンピック学習読本（小・中・高）」を作成配布しました。これを使って四月から週一時間（年間三五時間）の学習を都下の公立学校に義務付けました。どの学校も「学力向上」のための授業時間数の確保が大変なのに、オリパラ教育は構わず降りてきます。

四年生以上にはオリパラノートが配られました。「このノートはみなさんがオリンピック・パラリンピックに関する学習や調べたことを書き残すノートです。開催までの四年間の思い出をつづり、あなただけのノートをつくり上げて下さい」というメセージがあり、続いてオリパラ大会までの目標を書き込む欄が設けられており、関わり方のヒントとして、「ボランティア活動」「スポーツに親しむ」「世界各国の人と触れ合う」「障害のある人と助け合う」「日本文化や東京都のよさ知る」「ゴミのないきれいな東京」などオリパラ教育で育成すべき目標が挙げられています。まるで道徳の教材のような仕掛けです。

また、学校ごとのオリパラ予算をこなすにはゲストに障害者選手を迎えるのが好都合のようです。ある学校では

視覚障害者で、北京パラリンピックの柔道代表だった人を選びました。生い立ちからパラリンピック柔道をはじめるまでを語り、映像で様々な障害者の競技を見せ、実演で柔道を習っている高学年の児童に自分を投げさせ、黒帯の教員を投げて会場を沸かせ、最後に「柔道をやってよかったことは?」という問いに胸を張って「アジア大会で優勝して日の丸が上がり、君が代が流れたこと」と答えました。子どもたちは選ばれた障害者選手によって目標に沿った学習をし、ノートに書き込みましたが、肝心な、身近にいる「できない障害者」に思いを致すことはありませんでした。「できない障害者」こそ理解の対象でしょうに。

クラス分け

一九六〇年のローマ大会では八競技でしたが、二〇二〇年の東京大会では、二〇一六年のリオ大会同様の二二競技、五四〇種目が行われます。

陸上・アーチェリー・ボッチャ・カヌー・自転車・馬術・サッカー・ゴールボール・柔道・パワーリフティング・ボート・射撃・水泳・シッティングバレーボール・卓球・トライアスロン・車椅子バスケットボール・車椅子フェンシング・車椅子ラクビー・車椅子テニス・バドミントン・テコンドー。

パラリンピックは障害による振り分けから始まり、競技は振り分けられたクラスごとに行われます。一般的に言えば障害が軽くなるのは喜ばしいことですが、かつて水泳の成田真由美選手が今までより一つ軽いクラスに振り分けられて悔しがったニュースがありました。結果として一〇〇m自由形での四連続金メダルはなりませんでした。

ボッチャのように障害者のために考案された競技もあれば、健常者のスポーツと同じ種目で、それぞれ障害に応じた工夫が見られるルールもありますが、大きな特徴はそれぞれの競技が障害の種類・程度によって行われることです。なるべく同じ程度の障害者同士で競えるように障害の種類・部位・程度によるクラス分けをします。そのため例えば、パラリンピック陸上競技の一〇〇m競争では障害のクラス分けによって二九ものメダルがあります。

これではメダルの値打ちが問われますが、パラリンピックの目的が記録や勝敗を競うものである以上、公平を期すためです。考えてみれば大変な分断ではありませんか。年齢や性別による区分と違って、障害の種類・軽重による分断で、できない障害者を排除するパラリンピックは、スポーツとは別枠の世界を築き上げてしまっています。その範疇で選手は競って重い判定を望みます。

始まりは戦傷者のリハビリ

もともとパラリンピックは第二次世界大戦のリハビリが起源です。

一九三九年、ナチス・ドイツがポーランドに進撃を開始して、第二次世界大戦が始まりました。一九四〇年にはパリもドイツに占領され、救援のイギリス軍も敗れ、ダンケルクから英国に敗走しました。その後、連合軍は欧州大陸への反攻を計画しますが、この大規模な作戦には多くの負傷者が出るという前提で対策を立てました。

戦傷者を受け入れる病院を専門別に立案し、イギリスでは脊椎損傷専門病院をロンドンの郊外ストーク・マンデヴィルに建設しました。院長には第一次世界大戦で脊椎損傷者を多数扱ったフェスラーに学んだルードヴィヒ・グッドマンが選ばれました。建設された脊椎損傷専門病院の建物はバラックの粗末なものでしたが、周到な準備をして連合軍のノルマンディ上陸を待ちました。戦闘は連合軍の勝利に終わりましたが、夥しい数の兵士が脊椎損傷者となって送り込まれました。

脊椎に損傷を受けた場合、その回復が容易ではないことを知っていていたグッドマンは、車椅子生活に適応させた上で「残存」能力の強化訓練に努力し、手段としてスポーツを取り入れました。ストーク・マンデヴィル病院でのスポーツ（競い合う）によるリハビリの効果は目覚ましく、受傷から社会復帰まで六カ月という短期間で成果を上げ、その八八％が何らかの形で就職できたという報告があります。信じがたい数字ですし、成果が讃えられる一方で、成果の上がらなかった敗者の消息はありません。

グッドマンの指導で一九四八年、ストーク・マンデヴィル病院で両下肢マヒ者のアーチェリー競技会が開かれ、成果が披露されました。そのスポーツ大会が「ストーク・マンデヴィル・ゲーム」として知られるようになり、一九五二年には国際的な両下肢マヒ者スポーツ競技会に発展しました。さらに一九六〇年にローマでオリンピックが開かれるにあたり、車椅子で生活している重度身障者の競技大会がパラリンピックの名の下に開催されるに至ったのです。（パラリンピックは両下肢マヒの「パラプレジア」と「オリンピック」を合成した語です）

一九六四年の東京大会で国際パラリンピック委員会（IPC）がローマ大会に続き「第二回パラリンピック」と認めているのは、脊椎損傷による車椅子使用者を対象にした第一部だけで、すべての身体障害者を対象にした第二部は認められていません。二一国・地域から三七五選手が参加して九競技一四四種目で争われました。この大会には日本はもちろん各国とも多数の戦傷者が参加しました。開会にあたって選手宣誓をした青野繁夫さんも日中戦争の負傷兵でした。

以来、一九七六年トロント大会からは少し出場資格が広がり視覚障害者と四肢切断者が可能になり、一九八〇年のオランダ大会では脳性マヒ、一九八八年のソウル大会からは他の身体障害者も出場できるようになり、IOCの理解も進み「パラリンピック」が正式名称になり「もう一つのオリンピック」という考えが定まってきました。

障害者への偏見も

二〇一七年八月二十五日の朝日新聞は、成功したと伝えられた二〇一二年ロンドンパラリンピック大会について、民間団体が行った障害者への調査の結果を次のように報じています。

ロンドン大会を通してスポーツに取り組みたいと感じましたか？（二〇一三年六月に、一八歳以上の障害者一〇一四人に調査）

・大会を通して、スポーツはより遠いものになった…四%
・スポーツに取り組みたいと感じなかった…七九%
・大会にかかわらず、現在スポーツを行っている…七%
・以前やっていたスポーツに再度取り組みたいと感じた…七%

・新しいスポーツに取り組みたいと感じた…三％

ロンドン大会後、健常者の態度が変化したかを尋ねたところ、「変化がない」が五九％、「悪化した」が二二％で、英国政府が一般市民を対象にした調査の「障害者の評価に良い影響を与えた」が八一％という回答と大きな開きがあります。ちなみに、二〇一六年のリオ大会でも「パラリンピックが来ても人びとはスポーツを見るだけで障害者に寄り添う人は少なくなった」という声が聞こえたそうです。なぜこのようなことが起こるのでしょうか。高度な運動能力をもつパラリンピック選手とそうでない障害者の間に隔たりが大きくなってきているからだと思います。

大会運営は回を重ねるごとに整ってきたように見えますが、整ってきたのは障害者の振り分けの基準だけのようです。制度が整い優れた能力の選手が現れれば、できないことを弁えなければならない障害者が明らかになります。その思惑を無視するのが競争の理です。人々の心のバリアフリーも、障害者は能力が劣っていてかわいそうと過小評価して「憐れむ」か、過大評価して障害者には特別な能力があると「称賛する」か、に二極化されかねません。今のところパラリンピックは弱い立場の障害者のニーズを汲み取って社会をどう変えていくかという機会にはなりそうにありません。

戦争とパラリンピック

戦争をするには国民の丈夫なからだと逆らわない心が必要です。もうすでに国民のからだと心は国に奪われてしまっています。

日本国憲法はその第二十五条で（一）すべて国民は、健康で文化的な最低限度の生活を営む権利を有する。（二）国はすべての生活部面について、社会福祉、社会保障及び公衆衛生の向上及び増進に努めなければならない。と明記しています。しかし、二〇〇三年施行の健康増進法は（一）目的を「国民の健康の増進の総合的な推進に関し基本的な事項を定めるとともに、国民の健康の増進を図るための措置を講じ、国民保健の向上を図る」とし、（二）責務におよんで、「（一）国民　健康な生活習慣の重要性に対し関心と理解を深め、生涯にわたり、自らの健康状態を自覚するとともに、健康の増進に努める」と、明らかに憲法に違反して健康を国民の責務としました。すなわち健康という責務を果たさない障害者は非国民ということになります。その範疇から脱した者が頑張ってメダルを獲得し、国威の高揚に政治利用されることになります。世界で最も国民の健康を重視したのはナチス・ドイツと言われていますが、それが健康な兵士確保のためだったことも忘れてはなりません。

戦争では命を失う人もいますが、医療技術の進歩で助かる命（負傷兵）も増えています。心を病む人も現れます。このような状況に、欧米諸国では傷ついた兵士を養成してパラリンピックを目指すという仕組みを制度化し始めたと聞きます。塚原東吾・神戸大教授（二〇一七年十月五日、東京新聞）によれば、概ね二〇〇〇年以降に、アメリカ・ドイツなどアフガン・イラクに兵隊を送り戦争ができる国々で、元兵士は優先的にパラリンピックを目指すトレーニングを受けられるようになっています。軍や国にとっては、元兵士が生きる希望を新たにし社会復帰を後押しするという意味があるし、パラリンピックの各国内組織にとっては、身体能力に優れた元兵士はメダルを狙える優秀な人材供給源になるので双方が協力して国を挙げて元兵士を応援しているということです。こうして回復した元兵士の中には、戦場に戻る人もいて、後方支援に就き、新兵教育で「傷ついても社会復帰ができるという実例として紹介されることもあるということです。あるメディアでは「兵士への医療の目的は、もう一度戦場に送り返すことにある」という研究者の声の報告もあり、もう、パラリンピックが戦争遂行の手段に組み込まれているのは実態のようです。

日本ではパラリンピックはまだ福祉・障害者の問題と考えられがちですが、集団的自衛権を認めてしまった今、安全保障上重要な同盟国であるアメリカが戦争をして、それをパラリンピックが正当化しかねない状況にあります。無関係ではいられません。

補装具・ドーピング　機器の競いか技の競いか

アスリート雇用も広がっています。企業所属も夢ではありません。勝つにはまずは技ですが、スポーツ関連業界では用具はもちろん、身にまとうすべての物に工夫を凝らし、しのぎを削っています。障害者の場合補装具が大きな問題です。

障害者スポーツやパラリンピックに対する注目度が高まるにつれ、素材の多様性や加工技術の進歩と相まって用具は著しく進化しています。障害者スポーツの用具には特に安全性の確保や耐久性、操作のしやすさ等が求められます。腕や脚を切断した人が装着する「義足・義手」は通常は人間の腕や脚を模して作られますが、競技用は、走る、飛ぶ、などの機能に応じた独特な形をしています。陸上競技用の義足はカーボン製で板を曲げたような形をしていて反発力があり、接地部分にはスパイクと同じくピンが取り付けられています。車椅子も日常の生活で使われるものと異なり、各競技に合わせて開発されています。陸上競技用車椅子は、三つの車輪があり、車椅子バスケット・車椅子テニスに使われる車椅子は、すばやいターンができることと安定性確保のため、タイヤが八の字になっています。――車椅子がぶつかりあう競技には格別な魅力があるということですが――これらの装備には技術と費用がかかります。オリンピックも同じですが、パラリンピックは一層です。参加できるのは豊かな国や地域に限られています。過去の参加国・地域を見ても、比較的北半球にある先進国が多く、南半球に多い途上国は少ないのです。南北問題でもあります。

パラリンピック・車椅子テニス（シングルス）で、フランスのステファン・ウデと三連覇を競う国枝慎吾は、ウデが車椅子の研究開発に力を注ぎ「車椅子の性能が上がれば選手の技能も上がり競技の魅力も増す」と言うのに対して、「スポーツだから、車椅子の性能ではなく、テニスの技術の優劣を競うのが理想だと思う」と言っています。国枝の発言こそ正当のように思いますが、機器の機能争いは激しくなりそうです。（ちなみに今二人が乗っている車椅子は、国枝は日本製、素材はアルミ、重量約九kg、価格約四六万円。ウデは、フランス製、素材はカーボン、重量約九kg、価格約一五〇〇万円）

パラリンピックの競技を公平に保つために重要なのがクラス分けとともにドーピング対策と言われています。パラリンピックの場合、障害者スポーツならではのドーピング問題があります。障害によっては禁止されている薬物を健康維持のために服用しなければならない人がいます。そのための除外措置があり、脳性マヒや知的障害・視覚障害の選手に介助者が付くのと同じ措置と考えられているということですが、過去にはスポンサー獲得目的やメダル報奨金目当ての「障害偽装」事件が度々ありました。クラス分け同様とても難しい問題です。

まだまだ解決すべき問題がたくさんあるようですが、オリンピック・パラリンピックが勝利主義である限り解決は難しいと思います。

国威高揚　天皇　皇室とのかかわり

オリンピック・パラリンピックの開催主体は都市であって、国家ではありません。しかし、二〇二〇東京大会を主導するのは国家です。スポーツ立国を目指して一九一一年に成立したスポーツ基本法第二十七条には「国際競技大会の招致又は開催の支持」とあります。国際的スポーツイベントの招致はスポーツ立国実現のための国家戦略だと言うわけです。その戦略的意味は国威発揚であり経済的利益誘導です。

スポーツ界全体に国家の介入は着々と進んでいます。文科省は日本オリンピック委員会（JOC）を無視し、今までJOCを通して配分してきた選手強化費を二〇一六年度から運営費交付金として、日本スポーツ振興センター（JSC）に一括して配分することにしました。具体的には「メダル有望種目の戦略的強化費についてJSCが強化計画などを評価項目として検討し、各競技団体に直接配分する」というのです。これは一例ですが次第にJSCが存在感を強め、スポーツ政策を実施する中核組織になってきました。そして閣議決定された基本方針が「国民総参加による『夢と希望を分かち合う大会』の実現」です。都市が主宰するオリンピックについての基本方針を政府が決めることが問題ですが、国が国民を総動員しようと言うわけです。政府・国と続けば象徴天皇です。徳仁が開会宣言をします。

皇室とスポーツ大会との関係は長い歴史があります。国民体育大会は、一九四六年に始まるとされていますが、その前史は明治天皇の死にあります。一九二〇年に明治神宮が創建され、続いて一九二四年には外苑競技場ができました。そこで「明治天皇のご聖徳を景仰し奉るとともに国民心身の鍛錬並びに国民精神作興を目的とし、明治神宮例祭を中心として挙国的体育大会を実施する」として明治神宮競技大会が催されることになり、やがて明治神宮国民体育大会」と改称されました。一九四二年の第十三回は戦時中でした。「国民の心身鍛錬の成果を明治神宮に奉納する」行事として名を「明治神宮国民錬成大会」に改められ、種目も武道中心の軍国調になりました。

一九四六年、戦後の混乱期にもかかわらず延命して、日本体育会主催になり、建前を「国民気力の高揚をはかる」として第一回の「国民体育大会」が京都で開かれました。天皇は第二回から出席、天皇杯争奪戦が過熱し、各開催地に天皇制イデオロギーを復活させていきました。当時は「米よこせ」を叫んで皇居に押し掛けていたころです。国体によって国民を再統合し、そのエネルギーを鎮静化させようという意図があったと思われます。一九六一年東京オリンピックの開催決定を受けて「スポーツ振興法」が超党派で成立し、国体はオリンピックを目指すシステムになりました。

一九六四年の東京パラリンピックの特徴の一つに皇室が全面的に関与したことが挙げられています。大会期間中、毎日皇族のだれかが試合を見学し、大会終了後も関係者を慰労するなど支援を惜しみませんでした。

また、このパラリンピックがきっかけになって一九六五年から、全国身体障害者スポーツ大会（後に身体は削除）が、国体に続けて開かれるようになり、第一回大会に皇太子（明仁）が出席し、「第一回全国身体障害者スポーツ大会の開会式にあたり、全国から参加された選手諸君の元気な姿に接することは誠に喜びにたえません。みなさん方の中には、身体的機能を回復し、すでに社会の一員として立派に活躍されている方もあると思いますが、そのためにはスポーツが大きな支えになっていること思います。身体障害者に対する理解が、特に昨年のパラリンピック以来、一般国民の間に高まりつつあります。この意味において、本スポーツ大会もまた意義深いものであると思いますが、さらに、日頃の努力によって身体的機能を回復した方々が、より多く社会に復帰できるよう、一つの契機をつくり出すことになれば誠に喜ばしいことであります。

この機会に、みなさん方は平素鍛錬した成果を競い、お互いに励まし合い、友情を深めることによって本大会を楽しく過ごされるよう希望いたします」と述べています。

ここに国民体育大会は天皇、全国障害者スポーツ大会は皇太子という皇室の序列、体育大会の序列による形ができました。

本来スポーツにはレクリエーションと体力づくりの両面が挙げられますが、それに競技性が加わると勝ち負けが前面に出て前の二面は消し去られ、さらに国家によって政策化されると国威発揚に利用されていきます。

今大会でも名誉総裁の天皇が開会を宣言し、各会場にはすべてに皇族を動員し、視察と歓迎を表明するようです。私たちは、世界に向かって「慈悲深い」天皇および皇族の存在意義をアピールさせるわけにはいきません。

二〇二〇年五月二十五日、新型コロナウイルス拡大防止のための緊急事態宣言は解除されたかもしれませんが、実態はこれからが正念場という状況です。仮に日本が収束したとしても、感染拡大する国があるかもしれません。一部の地域や国を排除することは、五輪の理念にも反します。

オリンピック・パラリンピックをやめて、苦しい人を支えようではありませんか。

その後の「神奈川の会」について

京極紀子（「日の丸・君が代」の強制に反対する神奈川の会）

本の出版から一二年。「改正」教育基本法下の学校では、時に信じがたい、驚くようなことが起こっています。ここでは、「神奈川の会」や会のメンバーが取り組んだいくつかのことがらについて報告しておきたいと思います。

二〇一五年、横浜の中学校で……

二〇一五年六月、横浜市立中山中学校で、「夏休みの夏季学習」と称して中学一年生を対象に、陸上自衛隊東富士演習場で八月に行なわれる「総合火力演習」への見学を募集していることが地元紙で大きく報道されました。それによれば、予備自衛官（二等陸尉）である同校の社会科教員による発案で校長も認めたものだとあります。

総合火力演習は戦車やヘリコプター等最新鋭の装備を使った実弾射撃訓練を間近に見ることのできる国内最大級の軍事演習で、マニアには超人気のもの。一般には入場券の入手も困難で、防衛省のホームページには毎年二〇倍を超える競争率だと書かれていました。中山中学校では、この教員が着任して以降、二〇〇九年、二〇一四年に続いて三回目の実施。自衛隊神奈川地方協力本部・市ヶ尾募集案内所から出発する関係者（退職自衛官ら）向けバスツアー（参加費おとな三〇〇〇円、中学生一〇〇〇円）に同乗し、予行演習を見学するというものです。二〇一四年には三年生一〇人が参加、二〇一五年も自衛隊側からの働きかけで一〇人分の席が確保されていました。

学校から配布されたプリントには「一年生社会科夏休み学習相談について」として、育鵬社・公民科の教科書から「憲法　平和主義」に対応する観点が列挙されていました。しかし、中学一年生に公民科の授業はなく、前年の三年生用をそのまま使った？　とも思わせるもの。文書の発信者も不明の怪文書ですが、「学習相談」などという曖昧な呼びかけで評価につながると感じる生徒や保護者もいたのではないでしょうか。

新聞報道を見て、横浜・神奈川県内の市民団体や労働組合がすぐに動き出しましたが、たくさんの人々の中止の申し入れに対して、市教委、校長ともに「問題ない」という立場です。新聞取材に校長は「社会科全体を多面的に学習するきっかけになる」、市教委指導企画課は「夏休み中の自主的な学習のひとつ。公的機関が主催する行事への参加を募ったもので、希望者が保護者の承諾を得て参加することに問題はない」と答えています（『朝日新聞』『神奈川新聞』二〇一五年六月二十六日付）。とても違和感を覚えました。

見学会の事実は、学校から持ち帰ったプリントを見た保護者により表面化しました。中山中学校では当該教員が着任してから、横須賀の陸上自衛隊高等工科学校（中学校卒業生を対象にした自衛隊員養成のための全寮制教育施設）への見学も実施されています。明らかに立場を利用した自衛隊の広報活動が学校の中で行われているのです。それも、学校全体でというよりもこの教員の個人的な振る舞いが色濃く出ているようですが、職場の中から批判の声は聞こえません。

ことは想像以上に根深いと思われました。当該教員は、二〇一三年に「横浜教職員連盟」という反日教組を標榜する全日教連系教職員団体を立ち上げています。団体のFacebookには、今回の見学会を支持する「声明」が載り、応援する声がたくさんアップされています。横浜市議会の中には横浜市教職員組合（日教組）を目の敵にする議員もいます。日本会議等の政治勢力とも結びつき、右翼的な「力」を背景にやりたいことを堂々とやれているということでしょうか。

二〇〇九年には自由社の教科書、二〇一一年からは育鵬社の教科書を採択、以後現在まで「新しい歴史教科書をつくる会」系の歴史改ざん・戦争美化の教科書を使い続けている横浜市の中学校です。学校現場で自衛隊を受け入れる土壌はすでにでき上がっているのかもしれません。二〇一五年の見学会は、当初予定の一〇人よりは減ったものの、六人の参加で実施されました。しかし、その四日後に行われた本番の演習で、戦車から発射された砲弾の部品が見学席に飛び負傷者が出る事態に。その場に子どもたちがいたらと思うと身震いします。私たちの懸念は現実のものになってしまいました。

事故の影響もあるのでしょう。翌年度以後、この見学会は実施されていません。翌二〇一六年度は、表向きには学校として「基礎基本を中心にする。郊外学習は発展学習だからやらない」等という理由で、富士総合火力演習だけでなく全教科で郊外学習をしないことを学校全体の確認事項としたようです。他の教員たちにとっては飛んだとばっちりです。自衛隊演習見学会が表面化して以後、学校や市教委へ多くの市民から抗議の声が届けられました。四月には校長の交代もあり、市教委から異動してきた新校長が「昨夏（二〇一五年）の混乱は避けたい」として決定した様です。横浜市教育委員会としての判断もあったのでしょう。

二〇一五年、安倍政権による「戦争法」が成立せんとする夏に、横浜の中学校で起きた一つの事件ですが、時代を象徴する出来事だと思っています。

自衛隊への「職場体験」中止を求める取り組み

中山中学校の事例は突出した例ではあるけれど、すそ野にはやはり「教育」の名目で行われる自衛隊の学校への侵入があると思います。防衛省のｗｅｂサイトには「『総合的な学習の時間』（文科省）への協力内容」が公開されており、二〇一三年度に文科省の要請を受けた形で行われた自衛隊の教育「支援」は、中学生を対象に二六〇一回・二六三一七人、小学生には一五〇回・五五八四人となっています（『東京新聞』二〇一五年十一月二十三日付）。神奈川県内各地の中学校や高校でも、職場体験学習として自衛隊への見学が日常的に行われています。県内陸上自衛隊の窓口であり、主に自衛官の募集や広報活動を行う神奈川地方協力本部のｗｅｂサイトには「総合的な学習の時間（職場体験）」のコーナーが設けられていて、未来の自衛官獲得のために積極的な活動を行っています。広報誌『ミリバ』には、ベッドメーキングのような軽い活動からＰＡＣ３（パトリオットミサイル）や戦車の見学、徒手格闘技等実技訓練の見学等、豊富なメニューで子どもたちが自衛隊の活動に参加している様子が多数掲載されていました。

二〇一六年三月、私たちは神奈川県内を中心とした市民団体・労働組合三八団体の連名で「自衛隊への『職場体験学習』中止を求める要請書」を県と県内全市町村教委に対して提出して文書での回答を求めました。

要請書に対しては三四自治体のうち三〇の自治体から回答が集まりました。回答の多くは「総合的な学習の時間」に関わるキャリア教育、「職場体験学習」一般の教育的意義を説くもので、正面から私たちの申入書に答える内容にはなっていません。わざと趣旨をずらしているのだと思います。

しかし、沖縄に次ぐ第二の基地県・神奈川です。こうした取り組みのなかで、自衛隊ばかりでなく米軍との交流等、私たちの予想も超えて〈軍〉と学校との交流が幅広く行われている実態が明らかになりました。

一例を挙げると、相模原市の中学校で、保護者の働くキャンプ座間で子どもたちが「職場体験」を行なった事例があります。職場は基地内のスーパーマーケットでレジ打ちや商品の陳列を手伝うというものでしたが、休憩時間には米軍の航空機に乗せてもらったりしていたよう。それらの様子を動画に撮って、学校名、中学生の名前、写真入りでキャンプ座間のＦａｃｅｂｏｏｋにアップされていました。しばらく後に学校が気づき、市教委が市の渉外課へ要請し、航空機の部分だけ削除してもらったということです。キャンプ座間の広報ビデオに使われたわけですが、米軍の側は本人及び保護者の許可を取っており問題はないという立場です。

この他にも、職場体験ではないけれど、県立高校の生徒たちが厚木基地のアメリカンスクールと交流、基地の行事に一緒に参加したり、米軍の軍楽隊（アーミーバンド）を呼んだ交流イベント等があったりと、神奈川ならではの実態が浮かび上がってきました。二〇一六年には東京都武蔵村山の中学校で横田基地との交流で「ミニブートキャンプ（新兵訓練）」が行われたことが報道されています。安保法制下、教育に浸透する自衛隊や米軍の問題は根深いです。

教育格差等深刻な現在の状況のなかで、経済的徴兵制とも言える自衛隊入隊も話題になっています。アニメキャラクター、萌え系ミニスカ女子のポスター……、あの手この手で若者を狙う自衛隊です。学校が自衛隊や米軍と結びつくこと、教育が軍事的に利用される関係を断ち切るために継続して取り組んでいく必要を感じました。

二〇二〇年度から始まる新学習指導要領では、今まで中学三年生の教科書の中で触れられていた自衛隊について、小学校社会でも学ぶように位置づけられています。文科省から発行された学習指導要領の解説書（二〇一七年）には、災害救助だけでなく「国の平和と安全を守ることを任務とする」等国防についての記述もあります。育鵬社等「つくる会」教科書だけでなくすべての教科書で自衛隊が取り上げられています。また、中学公民（三年）の教科書では憲法の「平和主義」と関連づけた自衛隊の記述もあります。ジョージ・オーウエルのディストピア小説『１９８４年』の世界が私たちの現実の社会の話になっているようです。軍事訓練の見学が「平和学習」というのは笑えない冗談です。これ以上の浸透をストップさせる取り組みを継続します。

全国でただ一校、銃剣道を学ぶ中学校（平塚）

二〇二一年度から実施される中学校の新学習指導要領「改訂」が告示（二〇一七年三月三十一日）され、保健体育・武道の種目に銃剣道が明記されたことが大きく報道されました。その記事の中に、全国で唯一平塚の土沢中学校が武道の授業で銃剣道を教えていることが記されていました。びっくりしました。銃剣道は元は旧日本軍の戦闘行為です。戦時中は「軍事教練」で教育の場に持ち込まれていました。銃剣は小銃の先に装着する短剣で、敵との接近戦で相手の喉元と胸を狙い倒す武器です。一九八〇年から国体種目になっています。競技人口三万人のそのほとんどは自衛隊員か自衛官ＯＢで一般の人の親しむスポーツとは言えないものですが、なぜこれが学校教育に取り入れられたのでしょうか。しかも全国でただ一校、神奈川の中学校で行われているのです。

新聞報道以前、『武道』という月刊誌の二〇一六年六月号に日本全国で初実施となる銃剣道授業の取材記事が掲載され、土沢中学校の名前と二〇一五年度（二〇一六年一月）から始まっていたことが報告されています。新聞の報道で私たちは知ったわけですが、すぐに平塚の市民グループが学校に対して申し入れを行い、中止を求める取り組みを開始しました。

市民グループの申し入れに対し校長は、「現行の指導要領でも武道必修で一、二年生全員が一二時間の授業を受ける。その中の八時間、武道場がなく防具もない中で、防具無し・竹刀だけの剣道五時間、残り三時間を銃剣道に充てた。指導要領では『武道』として『できる（扱える）規定』に入っているので何の問題もない。唯一の体育科教員が銃剣道連盟主催の研修会に参加し、連盟から四〇本の木銃の提供を受けるに至った。学校の体育環境的条件によるものだ。国体種目でもあるし、本校の体育の授業年間三五週中、一週間のみ三回だけ。

二〇一六年一月からの実施を保護者宛に通知したが取り立てて疑義は寄せられていない」と言います。市民の側が、第二次世界大戦で日本兵が赤ん坊を銃剣で突き刺して殺した挿し絵の載るアジアの教科書を見せ、過去の戦争で実際に使われた「人を殺す術と武器」であることを訴えても、「それはマレーシアの教科書ですよね」とか、「武道はどれも元は闘う術だった」「武道（銃剣道）の所作を通して人を敬う態度、健全な精神と健康な身体を養う」等と述べ議論は噛み合いません。それでも市民の粘り強い訴えに、「戦争には反対、戦争は最大の人権侵害」と言い、校長自身が赴任後初めて、全国でただ一校銃剣道を実施していることを知ったこと、学校の側から普及活動に協力しているわけではないことを明言しました。

反対を求める市民は、その後も教育委員会への請願、議会での議論、三四〇〇人分の中止要請署名の提出等に取り組み、ついに二〇一八年度からの実施を中止に追い込むことができました。「他校から剣道の防具を譲り受ける条件が整ったので、銃剣道に充てた三時間も剣道に振り替える」というのが表向きの理由です。けれど、市民による取り組みの成果であることは間違いないでしょう。

銃剣道に使う木銃は長さ一六六ｃｍで、実際に手にするとずっしりと重いものだそうです。土沢中学校では、木銃の構え方や声の出し方、足さばきのほか、新聞紙切りや古いバレーボールを使った「突き」なども指導されたと言います。剣道では「突き」は危険だとして禁止されています。ただ一人の体育教員が前任校で銃剣道の指導者（自衛隊関係者？）と知り合い、銃剣道連盟主催の研修会に参加、学校での授業の提案をし、それを受け実施という流れも不可思議です。中山中学校同様、自衛隊はいつでも学校の中に入っていくチャンスを探していて、躊躇なく入り込んでくるということがよくわかります。議会の中でこの問題を取り上げた議員が「外部講師に自衛隊員や自衛隊員ＯＢの指導者は可能か？」と問うたことに対して、教育長は「可能」と答弁しました。銃剣道を指導できる教員など学校現場にはいません。授業としての銃剣道が広がれば、指導者として自衛官が学校に堂々と入り込むこともできるでしょう。

自衛隊では銃剣道は今も近接戦闘術として戦闘訓練種目です。その自衛隊で銃剣道訓練中に死亡した隊員が二人いて、二〇一六年だけでも訓練中に負傷して公務災害認定された件数が五九件もあったことが国会で明らかになっています。プロフェッショナルな自衛官にとっても危険な技を授業でやるなどもってのほかではないでしょうか?

校長や教育長が問題なしとした根拠には、二〇一二年の指導要領改訂で武道が必修化され、すでに「できる規定」として銃剣道も選べること、国体種目でもあることが挙げられました。二〇〇六年の改正教育基本法に「伝統と文化の尊重」が盛り込まれたことを受け、武道が必修化されました。そして、二〇二一年度からの新たな改訂で「銃剣道」が具体の名称としても明記、一歩ずつ進んでいます。今回の改訂については、「国体種目である、伝統武道である、自衛隊で行われている、すでに中学校での実績があるなど」(スポーツ庁担当者の発言。『週刊朝日』二〇一七年四月十二日号)が理由とされました。土沢中学校ただ一校で「実績」にされ、「明記」の根拠に使われました。当初案に「銃剣道」は入ってなかったものを、自衛隊出身の自民党佐藤正久議員や義家文科副大臣らの強い働きかけと自衛隊関係者らによる大量のパブリックコメントの結果、明記されるに至っています。平塚の中学校から銃剣道授業をなくすことができたことは良かったけれど、次に拡大する道筋をつくってしまったことを重く受け止めたいと思います。「人を殺す技」を授業で行うことを許してはいけないと思います。

オリパラ教育を強制するな

新型コロナウイルスが猛威をふるっているにもかかわらず、安倍首相は未だに二〇二〇東京オリンピック・パラリンピックを開催するつもりのようです。

安倍首相の「アンダー・コントロール」発言で招致が決まった二〇二〇東京オリンピック・パラリンピックですが、三兆円を超える莫大な経費、贈収賄疑惑、新国立競技場建設にあたってのコンペやり直しや住民排除、建設労働者の過労死、困難とも言える真夏の開催等々、問題が山積みです。加えて三千億円とも言われている追加費用、新型コロナウイルスの行方等々、一年延期しても開催できると思えません。「復興五輪」とは名ばかりで福島を利用し原発事故を隠すものという声も大きくあります。多くの福島の人たちにとっては「五輪」どころではないというのが本音ではないでしょうか？

私たちにとって最も気になる問題としては「オリンピック・パラリンピック教育（オリ・パラ教育）」があります。問題点は大きく二つです。一つはオリンピック・パラリンピックが体現すると考える国の価値観を教育として子どもたちに強制すること。二点目はボランティア活動や聖火リレー、競技観戦に子どもたちを動員するということです。

教育の場でのオリ・パラ強制は他の国にはないもので、海外の人々からもびっくりされます。大学生に対しては、即戦力としてのボランティアが期待されているようです。スポーツ庁は、大学に対して大会期間中、授業や試験を行わない、またボランティアの参加で単位付与が可能等の特別措置を認めるという通知を出しました。多くの大学が組織委員会と協定を結び、半分近い大学で授業日程の変更や単位認定を検討していたようです。東京都では高校生のボランティアサミットを開催、中高生に対してボランティア体験参加者を募集しましたが、各校数名という割り当てがあること、三～四時間程度の拘束、ユニフォーム等支給、活動の様子をPRに使うこと等想定されており、果たしてこれがボランティアと言えるのか疑問です。子どもたちがオリンピックの盛り上げに動員されるようです。

小中学校の児童・生徒に対しては、聖火リレーや競技観戦に子どもたちを動員する動きがありました。東京都では公立幼・小・中・高及び特別支援学校まですべての子どもたちに二〇一六年度から五年間、年間三五時間のオリ・パラ教育を実施しています。都教委は子どもたち全員に「オリンピック・パラリンピック学習読本」を配り、週一時間、授業でやるのですからほぼ強制です。「『東京都オリンピック・パラリンピック教育』実施方針」には「国際社会に貢献し、東京、そして日本のさらなる発展の担い手となる人材を育成するとともに、東京二〇二〇大会の経験を通じ、その後の人生の糧となるようなかけがえのないレガシーを子どもたち一人一人の心と体に残していく」と書かれています。本著の中で小夜さんが語っているように、かつての戦争で日本は天皇のための教育を行い、子どもたちの「心とからだ」を奪い、お国のために命を投げ出す小国民をつくり出しました。「心とからだ」は危険なキーワードです。

「全ての教育活動で展開する」とするオリ・パラ教育は、「特別な教科　道徳」が他の教科の上位に位置づき、すべての教育活動で展開されていることとも重なります。重点的に育成すべき資質は「一、ボランテイアマインド　二、障害者理解　三、スポーツ志向　四、日本人としての自覚と誇り　五、豊かな国際感覚」の五点で、これも二〇〇六年「改正教育基本法」の「教育の目標」（愛国心や道徳心、健やかな身体を養う）」に通じるものと言えるでしょう。サッカーや野球など数種目の開催が予定されている神奈川でも「神奈川オリンピック・パラリンピック教育学習教材」がつくられ、学校現場でオリ・パラ教育が行われます。スポーツ庁も同趣旨の通知を出し、従順で愛国心のある国民を育てるオリ・パラ教育は全国の学校で展開されています。

開催に向けては、「学校連携観戦チケット」の希望取りまとめが行われていました。一枚二〇二〇円（パラリンピックは一五〇〇円）のチケットが首都圏や競技開催地、被災地等に全体で一三〇万枚余り割り当てられるということで、神奈川県内の学校現場に対しても組織委員会から県を通じて市町村教委に配布されます。県が五〇〇円を補助し、残りは市町村が負担したり、保護者負担だったり、その扱いはまちまちですが、希望と言っても割り当て枚数分の子どもの動員が行われる可能性があります。観戦にあたっては「学校連携観戦プログラム」への参加が前提で、道徳教育等と関連付けたオリ・パラ教育の一環です。一年後だとしても、酷暑の中での競技観戦は、子どもたちや引率者に対して命の危険も伴うものです。また夏休み中にもかかわらず、授業や学校行事、部活動での観戦は、子どもたちに強制を強いるもの、教職員に対しても負担を強いるものです。チケット購入にあたって組織委員会から出された依頼文書には七一項目もの想定質問及び回答が添付されており、当初から無理を承知の割り当て動員だということがよく分かります。約一〇〇万枚が割り当てられ、すべての小・中・高校生の参加を見込んでいた東京都では、延期前すでに三〇〇校以上の小学校で参加見送りを決めたり、取り止めを検討中だということが報道されました（『朝日新聞』二〇二〇年十二年十日付夕刊）。

三月二十六日には福島県Jビレッジから聖火リレーがスタートする予定でした。Jビレッジは原発事故後、事故の対応拠点として使用され、二〇一八年九月に一部再開、二〇一九年四月に前面再開されました。二〇一八年十月、いわき市等は聖火リレーのスタート地点及びリレーコース招致のために小・中・高校生百人以上を動員して模擬リレーを開催しました。除染されているとは言え、いまだ放射線量の高い国道六号線を子どもたちがリレーする姿に胸が痛みます。二〇一九年の十月には国際環境NGOのグリーンピースがJビレッジ周辺で基準値を超える高濃度の放射線量を測定し、環境省も確認、再除染を行いました。子どもたちを動員した復興のアピールは犯罪的でさえあると思います。

一九三六年、ベルリンオリンピックから始まった聖火リレーは、ナチスドイツのプロパガンダに使われたことで有名ですが、今もその構造は同じです。昨年四月の天皇代替わりで前天皇夫妻が昭和天皇御陵に退位の報告に訪れた際に、八王子市内の三校の小学生が歓迎に動員されて、「日の丸」を振って迎えたということがありました。市民の抗議申し入れに対して、当該の校長の一人は「オリ・パラ教育」の一環として授業時間を当てて参加したことを認めています。八王子選出の国会議員が陰で動き、市教委や自治会に圧力をかけたことが分かっています。一見、何の関係もないのですが、実行する側の人たちにとっては子どもたちに「日本人としての自覚と誇り」を求めるもの、ナショナリズムの称揚につながるものとして両者は一体のものなのでしょう。

こうした動きに少しでも歯止めをかけたいと、私たちは県内三三市町村教育委員会に対して、「一、学校現場にオリ・パラ教育を強制しないこと　二、聖火リレーに子どもたちを動員しないこと　三、オリンピック・パラリンピックの競技観戦・応援、運営ボランティアへの参加を子ども・教職員に強制しないこと」等を求める要請書を送付しました。全国を廻る聖火リレー。来年の聖火リレーについてはさすがに簡素化が検討されているようです。しかし子どもたちの動員などについて十分な警戒が必要です。

オリンピックの開会式では昨年即位した天皇徳仁が開会宣言をする予定です。オリンピック憲章では開会宣言は開催国の「元首」が行うとされており、象徴である天皇が対外的には元首として振る舞うという不可思議な国です。

「一生に一度のオリンピックだから」という名目で、盛り上がらない五輪の盛り上げに子どもたちを使う。また国を挙げてのイベントだからとオリンピックに乗じた愛国心教育に子どもたちを動員するのはやめてほしいです。先日、さいたま市の教育委員会が市内の全校の児童生徒らに、新型コロナウイルスに対応する医療従事者らに向けて、全員一斉に拍手をする催しをしたことが報道されました。教育委員会主導で「感謝を指示」、まるで戦時のようです。

目を離せば何が起こるか分からない、深刻な学校の状況があります。けれど、いくつかの取り組みを通して見えてきたことは、声を上げることで、中止させたり、押し返したり、歯止めをかけることができるという事実です。もぐらたたきのような状況ではあるけれど、取り組みの成果を手がかりにして、これからも臆せず声を上げたいと思います。

戦後教育関係年表

年　月		教育問題の動き	国内外の動き
一九四六年（昭二十一）	六月	第一次米国教育使節団来日、教育の国家統制の排除と民主化を求める	
	十一月		日本国憲法公布
一九四七年（昭二十二）	三月	教育基本法、学校教育法公布・施行	
		学習指導要領一般編（試案・教員の指導の目安）刊	
	四月	新学制（六・三・三・四制）発足	
一九四八年（昭二十三）	六月	教育勅語、軍人勅諭など衆・参両院で失効決議	
		教育委員会法公布（公選制）	
一九五〇年（昭二十五）	五月	教職員追放令（レッドパージ）公布	朝鮮戦争始まる
	八月	第二次米国教育使節団来日、日本国民を反共の城塞に	
	十月	文部省、学校の祝日・行事に国旗掲揚、君が代斉唱を進める通達。	
		天野文相、修身科復活論を表明	
	十二月	地方公務員法公布。地方公務員、公立学校教員の政治活動・争議行為を禁止	
一九五一年（昭二十六）	二月	文部省、道徳教育振興方策を発表	
	九月		対日平和条約、日米安全保障条約調印

年	月	教育	社会
一九五二年（昭二十七）	八月	文部省初等中等教育局に特殊教育室設置	
一九五三年（昭二十八）		中央教育審議会発足	
	十月	文部省「教育上特別な取扱を要する児童生徒の判別基準について」通達	
	十月	池田・ロバートソン会談、米国に「愛国心教育」を約束し、自衛力漸増などの共同声明発表	
一九五四年（昭二十九）	五月	教育二法（政治的中立・教育公務員特例法）成立	
	六月		防衛庁設置法・自衛隊法公布
一九五六年（昭三十一）	六月	新教育委員会法成立・公布（任命制）	
	十二月		日本、国連加盟
一九五七年（昭三十二）	十月	教育課程審議会が道徳の時間の特設を決定	ソ連スプートニク打ち上げ成功（西側より先に）
		教師の勤務評定実施方針決定	
一九五八年（昭三十三）	四月	学校保健法公布	
	十月	学習指導要領改訂官報に告示、行事等に「国旗を掲揚し『君が代』を斉唱させることが望ましい」、能力適性重視	
一九五九年（昭三十四）		中教審「特殊教育の振興充実について」答申	
一九六〇年（昭三十五）	五月		新安保条約を自民単独で強行採決
一九六一年	十月	中学二・三年生全員に全国一斉学力テストを実施（六六年まで）	

年	月	教育	社会
（昭三十六）			
一九六四年（昭三十九）	八月		ベトナム戦争始まる
	十月	学力テストの全国一斉実施を中止し、二〇％抽出調査に変更	
一九六五年（昭四十年）	六月		日韓基本条約調印
一九六六年（昭四十一）	十月	中教審「期待される人間像」答申	建国記念の日を公布
一九六七年（昭四十二）	五月	文部省「道徳教育の諸問題」を全国小・中学校に配付 全国一斉学力テストを全面廃止	
	十二月		佐藤首相、非核三原則を表明
一九六八年（昭四十三）	七月	学習指導要領改訂「教育の現代化」	
一九七〇年（昭四十五）	七月	家永教科書検定訴訟杉本判決、国民の教育権を明示	
一九七一年（昭四十六）		中教審答申（四六答申、教員の資質の向上）、第三の教育改革をめざす	
一九七二年（昭四十七）	五月		沖縄県本土復帰
	九月		日中国交樹立
一九七三年（昭四十八）	一月		南北ベトナム統一
一九七七年	七月	学習指導要領改訂「ゆとりと充実」（「君が代」を国歌化）	

(昭五十二)		
一九七八年 (昭五十三) 八月		日中平和友好条約調印
一九七九年 (昭五十四)	養護学校義務制実施 共通一次試験実施開始	国連「女子差別撤廃条約」採択 国連国際児童年
一九八一年 (昭五十六)		国連国際障害者年
一九八四年 八月 (昭五十九)	臨時教育審議会設置、一次～四次(八四～八七)答申	
一九八五年 (昭六十)		「女子差別撤廃条約」日本批准
七月		中曽根首相、戦後政治の総決算を主張
八月	文部省、入学式・卒業式に日の丸掲揚・君が代斉唱の徹底を通知	
一九八九年 一月		昭和天皇没
(平成元) 三月	学習指導要領改訂「新しい学力観」「入学・卒業式においては国旗を掲揚するとともに、国歌を斉唱するよう指導する」(義務化)	国連「子どもの権利条約」採択
一九九〇年 一月	大学入試センター試験実施	
(平成二) 十月		バブル経済崩壊 東西ドイツ国家統一

年	月	教育	社会
一九九一年（平成三）	一月		湾岸戦争始まる
	三月	学習指導要領改訂「観点別評価の導入、絶対評価へ」	
一九九二年（平成四）	六月		PKO協力法成立
	九月	学校週五日制（第二土曜）スタート	自衛隊初の海外派遣
一九九三年（平成五）	二月	高校入試から業者テスト排除	
	七月		五五年体制崩壊
一九九四年（平成六）			「子どもの権利条約」日本批准
			ユネスコ障害者も共に学ぶ「サラマンカ宣言」採択
一九九五年（平成七）	一月		阪神大震災で学校が避難所になる
	四月	学校週五日制が月二回に	
	九月	東京中野区教育委員会の準公選廃止	
		日教組、「日の丸・君が代」闘争から撤退、文部省との協調路線へ	
一九九七年（平成九）	六月		神戸で児童連続殺傷事件
一九九八年（平成十）	十二月	学習指導要領改訂「生きる力」	
		中高一貫教育の選択的導入（学校教育法一部改定）	
一九九九年	一月	広島県立世羅高校長、国旗・国歌強制問題に悩み自殺	

年	月	教育	社会
（平成十一）	五月		周辺事態法等の新ガイドライン三法成立
	八月	国旗国歌法成立	
二〇〇〇年（平成十二）	二月		衆・参両院に憲法調査会が発足
	十二月	教育改革国民会議最終報告（教育基本法見直しを含む一七の提案）	
二〇〇一年（平成十三）	一月	文部省、科学技術庁を統合し、文部科学省発足 文科省、一七の提案に即する「二十一世紀教育新生プラン」策定 二十一世紀の特殊教育の在り方に関する調査研究協力者会議「二十一世紀の特殊教育の在り方について――一人一人のニーズに応じた特別な支援の在り方について」（最終報告）	OECD（経済協力開発機構）学習到達度調査結果発表
	三月	四〇人以下学級を可能にする改正定数法成立	
	四月	新しい歴史教科書をつくる会編の中学校教科書検定パス 東京都品川区で小学校選択制実施	
	九月		米国で同時多発テロ
	十月		テロ特措法成立。自衛隊の米軍後方支援が可能に
二〇〇二年（平成十四）	一月	文科省、確かな学力の向上をめざすアピール「学びのすすめ」発表	
	四月	文科省、『心のノート』全小・中学生に配付 文科省、学校教育法施行令一部改正（盲・聾・養護学校への就学基準及び就学手続きの見直し） 完全学校週五日制実施	

年月	教育	社会
七月	中教審、「青少年の奉仕・体験活動の推進策」答申 教科書検定調査審議会、学習指導要領の範囲を超える記述を認める決定	
十一月	中教審、教育基本法「改正」中間報告発表	
二〇〇三年（平成十五）三月	中教審、教育基本法「改正」最終答申発表 特別支援教育の在り方に関する調査研究協力者会議「今後の特別支援教育の在り方について」最終報告発表	イラク戦争始まる
六月		有事法制三法成立
十二月	学習指導要領一部改訂（基準性を明確にするとともに「～は扱わない」などの歯止め規定を緩和）	
二〇〇四年（平成十六）一月	文科省、「小・中学校におけるＬＤ（学習障害）、ＡＤＨＤ（注意欠陥／多動性障害）、高機能自閉症の児童生徒への教育支援体制の整備のためのガイドライン（試案）」発表	
二〇〇六年（平成十八）十月	首相直属の教育再生会議発足	
十二月	「改正」教育基本法成立、国家のための教育へ	
二〇〇七年（平成十九）一月		防衛庁が「省」に昇格
四月	学校教育法、教育職員免許法・教育公務員特例法、地方教育行政の組織及び運営に関する法律（教育三法）を「改正」し、「改正」教育基本法を実働化 公立小・中学校に全国一斉学力・学習状況調査を実施 特別支援教育発足	

	五月	改正児童虐待法成立	改憲手続き法成立 「改正」少年法成立。処罰対象を一四歳まで下げ、少年に対する警察の調査権限導入等 赤ちゃんポスト設置
	六月	三法改正案成立	
	七月		新潟県中越沖地震M六・八
	八月		日本列島七四年ぶりの猛暑、熊谷と多治見で四〇度超え
	九月	全国学力・学習状況調査（犬山市不参加）	安倍辞任
	十一月	給食の趣旨・目的を栄養改善から食育に	
二〇〇八年	三月	学習指導要領改訂（幼・小・中）公示	
二〇〇九年	一月	学校に於ける携帯電話等の取り扱い通知	
	三月	学習指導要領改訂（高）公示	
	五月		裁判員制度開始
	八月		民主党政権誕生
二〇一〇年	四月	公立高等学校無償化開始 生徒指導に関する学校・教職員向けの基本書「生徒指導提要」配布	

年月	教育	社会
二〇一一年　三月	文科省「小学校道徳読み物資料」発表 「教育の情報化ビジョン」発表	東日本大震災・福島第一原発炉心溶融
四月	小学校新学習指導要領全面実施	
二〇一二年　四月	中学・支援学校中等部新学習指導要領全面実施 中学での武道必修化開始	
七月	文部省いじめの実態全国調査実施	
十二月		第二次安倍内閣発足
二〇一三年　三月	教育再生三本の矢（英語・理数系・情報通信技術）	
六月	いじめ防止対策推進法成立	
九月		東京五輪招致決定
十二月	『心のノート』『私たちの道徳』へ全面改訂	秘密保護法成立
二〇一四年　四月	『私たちの道徳』配布	
六月	地方教育行政の組織及び運営に関する法律の一部改正（新たな教育委員会制度――新教育長規定）	
二〇一五年　六月		選挙年齢十八才以上に引き下げ
九月	高校生の政治的活動を限定的に認める通知を文科省発出	戦争法強行採決
十月		
十一月		パリ同時多発テロ

年	月	教育	社会
二〇一六年	四月		熊本地震
	五月		オバマ広島訪問
	七月		津久井やまゆり園事件
	八月		明仁退位表明
	十一月		トランプが米大統領当選
	十二月	教育機会確保法成立	
二〇一七年	三月	学習指導要領改訂（「主体的・対話的で深い学び」、小学校外国語新設・銃剣道明記）	
	六月		共謀罪法成立
	八月		第三次安倍内閣　安倍首相九条改憲宣言
二〇一八年	一月		旧優生保護法で国家賠償求めて茨城の女性提訴
	二月		辺野古埋め立ての是非を問う県民投票四十三万四千百四十九票総数の七十一・八%）
	四月	小学校道徳の教科化実施 スポーツ庁運動部活動に関する総合的なガイドライン策定	森友問題記録改ざんで佐川宣寿長官辞任

二〇一九年		
四月	中学校道徳の教科化実施	
五月		代替わり（明仁退位・徳仁即位）元号令和に
六月	在留外国人日本語教育推進法成立	
七月		京都アニメスタジオ放火殺人事件
八月		森友学園問題で大阪地検全員不起訴処分・捜査終結 国際芸術祭「あいちトリエンナーレ二〇一九『表現の不自由展・その後』」3日で中止・制限付き再開
九月		東電旧経営陣3人に無罪判決・第四次安倍内閣
十月		即位礼
十一月	大学入試英語民間試験導入等延期	大嘗祭
十二月	教員に対する一年単位の変形労働時間制導入を可能にする改正給特法改正（二〇二〇年四月施行）	川崎市人権条例採択（問題の付帯決議付）

新・旧教育基本法の比較・一覧表

1947 年教育基本法	2006 年教育基本法
前文 　われらは、さきに、日本国憲法を確定し、民主的で文化的な国家を建設して、世界の平和と人類の福祉に貢献しようとする決意を示した。この理想の実現は、根本において教育の力にまつべきものである。 　われらは、個人の尊厳を重んじ、真理と平和を希求する人間の育成を期するとともに、普遍的にしてしかも個性ゆたかな文化の創造をめざす教育を普及徹底しなければならない。 　ここに、日本国憲法の精神に則り、教育の目的を明示して、新しい日本の教育の基本を確立するため、この法律を制定する。	前文 　我々日本国民は、たゆまぬ努力によって築いてきた民主的で文化的な国家を更に発展させるとともに、世界の平和と人類の福祉の向上に貢献することを願うものである。 　我々は、この理想を実現するため、個人の尊厳を重んじ、真理と正義を希求し、公共の精神を尊び、豊かな人間性と創造性を備えた人間の育成を期するとともに、伝統を継承し、新しい文化の創造を目指す教育を推進する。 　ここに、我々は、日本国憲法の精神にのっとり、我が国の未来を切り拓く教育の基本を確立し、その振興を図るため、この法律を制定する。
第１条（教育の目的） 　教育は、人格の完成をめざし、平和的な国家及び社会の形成者として、真理と正義を愛し、個人の価値をたつとび、勤労と責任を重んじ、自主的精神に充ちた心身ともに健康な国民の育成を期して行われなければならない。	第１章　教育の目的及び理念 第１条　（教育の目的） 　教育は、人格の完成を目指し、平和で民主的な国家及び社会の形成者として必要な資質を備えた心身ともに健康な国民の育成を期して行われなければならない。
第２条（教育の方針） 　教育の目的は、あらゆる機会に、あらゆる場所において実現されなければならない。この目的を達成するためには、学問の自由を尊重し、実際生活に即し、自発的精神を養い、自他の敬愛と協力によつて、文化の創造と発展に貢献するように努めなければならない。	第２条（教育の目的） 　教育は、その目的を実現するため、学問の自由を尊重しつつ、次に掲げる目標を達成するよう行われるものとする。 一　幅広い知識と教養を身に付け、真理を求める態度を養い、豊かな情操と道徳心を培うとともに、健やかな身体を養うこと。 二　個人の価値を尊重して、その能力を伸ばし、創造性を培い、自主及び自律の精神を養うとともに、職業及び生活との関連を重視し、勤労を重んずる態度を養うこと。 三　正義と責任、男女の平等、自他の敬愛と協力を重んずるとともに、公共の精神に基づき、主体的に社会の形成に参画し、その発展に寄与する態度を養うこと。 四　生命を尊び、自然を大切にし、環境の保全に寄与する態度を養うこと。 五　伝統と文化を尊重し、それらをはぐくんできた我が国と郷土を愛するとともに、他国を尊重し、国際社会の平和と発展に寄与する態度を養うこと。　第３条（生涯学習の理念） 　国民一人一人が、自己の人格を磨き、豊かな人生を送ることができるよう、その生涯にわたって、あらゆる機会に、あらゆる場所において学習することができ、その成果を適切に生かすことのできる社会の実現が図られなければならない。

	第３条（生涯学習の理念） 国民一人一人が、自己の人格を磨き、豊かな人生を送ることができるよう、その生涯にわたって、あらゆる機会に、あらゆる場所において学習することができ、その成果を適切に生かすことのできる社会の実現が図られなければならない。
第３条（教育の機会均等） すべて国民は、ひとしく、その能力に応ずる教育を受ける機会を与えられなければならないものであつて、人種、信条、性別、社会的身分、経済的地位又は門地によつて、教育上差別されない。 ２　国及び地方公共団体は、能力があるにもかかわらず、経済的理由によつて修学困難な者に対して、奨学の方法を講じなければならない。	第４条（教育の機会均等） すべて国民は、ひとしく、その能力に応じた教育を受ける機会を与えられなければならず、人種、信条、性別、社会的身分、経済的地位又は門地によって、教育上差別されない。 ２　国及び地方公共団体は、障害のある者が、その障害の状態に応じ、十分な教育を受けられるよう、教育上必要な支援を講じなければならない。 ３　国及び地方公共団体は、能力があるにもかかわらず、経済的理由によって修学が困難な者に対して、奨学の措置を講じなければならない。
第４条（義務教育） 国民は、その保護する子女に、九年の普通教育を受けさせる義務を負う。 ２　国又は地方公共団体の設置する学校における義務教育については、授業料は、これを徴収しない。	第２章　教育の実施に関する基本 第５条（義務教育） 国民は、その保護する子に、別に法律で定めるところにより、普通教育を受けさせる義務を負う。 ２　義務教育として行われる普通教育は、各個人の有する能力を伸ばしつつ社会において自立的に生きる基礎を培い、また、国家及び社会の形成者として必要とされる基本的な資質を養うことを目的として行われるものとする。 ３　国及び地方公共団体は、義務教育の機会を保障し、その水準を確保するため、適切な役割分担及び相互の協力の下、その実施に責任を負う。 ４　国又は地方公共団体の設置する学校における義務教育については、授業料を徴収しない。
第５条（男女共学） 男女は、互に敬重し、協力し合わなければならないものであつて、教育上男女の共学は、認められなければならない。	削除
第６条（学校教育） 法律に定める学校は、公の性質をもつものであつて、国又は地方公共団体の外、法律に定める法人のみが、これを設置することができる。 ２　法律に定める学校の教員は、全体の奉仕者であつて、自己の使命を自覚し、その職責の遂行に努めなければならない。このためには、教員の身分は、尊重され、その待遇の適正が、期せられなければならない。	第６条（学校教育） 法律に定める学校は、公の性質を有するものであって、国、地方公共団体及び法律に定める法人のみが、これを設置することができる。 ２　前項の学校においては、教育の目標が達成されるよう、教育を受ける者の心身の発達に応じて、体系的な教育が組織的に行われなければならない。この場合において、教育を受ける者が、学校生活を営む上で必要な規律を重んずるとともに、自ら進んで学習に取り組む意欲を高めることを重視して行われなければならない。

	第７条（大学） 　大学は、学術の中心として、高い教養と専門的能力を培うとともに、深く真理を探究して新たな知見を創造し、これらの成果を広く社会に提供することにより、社会の発展に寄与するものとする。 ２　大学については、自主性、自律性その他の大学における教育及び研究の特性が尊重されなければならない。
	第８条（私立学校） 　私立学校の有する公の性質及び学校教育において果たす重要な役割にかんがみ、国及び地方公共団体は、その自主性を尊重しつつ、助成その他の適当な方法によって私立学校教育の振興に努めなければならない。
(参考　第６条２項) ２　法律に定める学校の教員は、全体の奉仕者であつて、自己の使命を自覚し、その職責の遂行に努めなければならない。このためには、教員の身分は、尊重され、その待遇の適正が、期せられなければならない。	第９条（教員） 　法律に定める学校の教員は、自己の崇高な使命を深く自覚し、絶えず研究と修養に励み、その職責の遂行に努めなければならない。 ２　前項の教員については、その使命と職責の重要性にかんがみ、その身分は尊重され、待遇の適正が期せられるとともに、養成と研修の充実が図られなければならない。
	第10条（家庭教育） 　父母その他の保護者は、子の教育について第一義的責任を有するものであって、生活のために必要な習慣を身に付けさせるとともに、自立心を育成し、心身の調和のとれた発達を図るよう努めるものとする。 ２　国及び地方公共団体は、家庭教育の自主性を尊重しつつ、保護者に対する学習の機会及び情報の提供その他の家庭教育を支援するために必要な施策を講ずるよう努めなければならない。
	第11条（幼児期の教育） 　幼児期の教育は、生涯にわたる人格形成の基礎を培う重要なものであることにかんがみ、国及び地方公共団体は、幼児の健やかな成長に資する良好な環境の整備その他適当な方法によって、その振興に努めなければならない。
第７条（社会教育） 　家庭教育及び勤労の場所その他社会において行われる教育は、国及び地方公共団体によつて奨励されなければならない。 ２　国及び地方公共団体は、図書館、博物館、公民館等の施設の設置、学校の施設の利用その他適当な方法によつて教育の目的の実現に努めなければならない。	第12条（社会教育） 　個人の要望や社会の要請にこたえ、社会において行われる教育は、国及び地方公共団体によって奨励されなければならない。 ２　国及び地方公共団体は、図書館、博物館、公民館その他の社会教育施設の設置、学校の施設の利用、学習の機会及び情報の提供その他の適当な方法によって社会教育の振興に努めなければならない。

	第13条（学校、家庭及び地域住民等の相互の連携協力） 学校、家庭及び地域住民その他の関係者は、教育におけるそれぞれの役割と責任を自覚するとともに、相互の連携及び協力に努めるものとする。
第8条（政治教育） 良識ある公民たるに必要な政治的教養は、教育上これを尊重しなければならない。 2　法律に定める学校は、特定の政党を支持し、又はこれに反対するための政治教育その他政治的活動をしてはならない。	第14条（政治教育） 良識ある公民として必要な政治的教養は、教育上尊重されなければならない。 2　法律に定める学校は、特定の政党を支持し、又はこれに反対するための政治教育その他政治的活動をしてはならない。
第9条（宗教教育） 宗教に関する寛容の態度及び宗教の社会生活における地位は、教育上これを尊重しなければならない。　2　国及び地方公共団体が設置する学校は、特定の宗教のための宗教教育その他宗教的活動をしてはならない。	第15条（宗教教育） 宗教に関する寛容の態度、宗教に関する一般的な教養及び宗教の社会生活における地位は、教育上尊重されなければならない。 2　国及び地方公共団体が設置する学校は、特定の宗教のための宗教教育その他宗教的活動をしてはならない。
第10条（教育行政） 教育は、不当な支配に服することなく、国民全体に対し直接に責任を負つて行われるべきものである。　2　教育行政は、この自覚のもとに、教育の目的を遂行するに必要な諸条件の整備確立を目標として行われなければならない。	第3章　教育行政 第16条（教育行政）　教育は、不当な支配に服することなく、この法律及び他の法律の定めるところにより行われるべきものであり、教育行政は、国と地方公共団体との適切な役割分担及び相互の協力の下、公正かつ適正に行われなければならない。　2　国は、全国的な教育の機会均等と教育水準の維持向上を図るため、教育に関する施策を総合的に策定し、実施しなければならない。　3　地方公共団体は、その地域における教育の振興を図るため、その実情に応じた教育に関する施策を策定し、実施しなければならない。　4　国及び地方公共団体は、教育が円滑かつ継続的に実施されるよう、必要な財政上の措置を講じなければならない。
第11条 この法律に掲げる諸条項を実施するために必要がある場合には、適当な法令が制定されなければならない。	第4章　法令の制定 第18条 この法律に規定する諸条項を実施するため、必要な法令が制定されなければならない。

連続学習会「戦争は教室から始まる」を終えて

この連続学習会は、旗（日の丸）と歌（君が代）に唆されて軍国少女に育ち、親より教師より熱心に戦争をした私が現状に抱く危機感を『日の丸・君が代』の法制化と強制に反対する神奈川の会」のみなさんが受け止めて下さったことで始まりました。第一回「修身と道徳」は二〇〇六年十二月十六日で、改定教育基本法強行採決の翌日でした。それに対する怒りや危機感をもって参加して下さいました。それからほぼ月一回、二〇〇七年六月三十日の「軍国少女を生きて」まで、本当にたくさんの方が付き合って下さいました。ありがとうございました。

今、体験を通して語ったことがこうして一冊の本になり、さらに多くの人に伝えることのできることを素直に喜んでいますが、言いそびれたことや気掛かりなこともたくさんあります。

その一つは、参加して下さったみなさんとの討論する時間が十分でなかったことと、その内容を収録できなかったことです。たとえば「……引揚げの苦労は語りません。引き揚げなければならないところへ行ったことが悪いのですから」と言ったことに対して疑問を示された方がいました。同じことしか言わないので「頑是ない子どもでもですか……」と重ねて問われましたが、「被害を語るなとは言いませんが、語るならなぜそこにいたかまで語るべきです」と言ってしまいました。その考えには今も変わりはありません、頑是ない子どもも含めたからこそ国は戦争をすることができたのです。しかし、もう少し丁寧に参加されたみなさんと一緒に話し合うべきだったと思います。今振り返ると、このようにして大切な機会をいくつも逸しています。残念なことです。

連続学習会を行ってる間にも、日本の教育の状況は刻々と国家の「統治行為」に向かいました。二〇〇七年四月二十四日には、かつてその弊害の大きさのゆえに廃止された全国一斉学力テストが、学習状況（学校質問調査、児童・生徒質問調査）にまで拡大して復活しました。六〇年代のような抵抗運動はありませんでしたが、当然のこととして競争序列化、管理強化が進みました。二〇〇八年度に至っては、もうそれが常態化しています。

一方、中央教育審議会は二〇〇七年十一月七日、「教育課程部会におけるこれまでの審議のまとめ」を発表しました。「『生きる力』の理念は変わりません『学習指導要領』が変わります」という奇妙なサブタイトルがついていますが、明らかに七七年から進めてきた〝ゆとりのなかで自ら学び自ら考える「生きる力」の育成〟という基本を否定して「詰め込み教育」に転換するものです。それを受けて文科省は、二〇〇八年二月十五日、新学習指導要領改訂案を発表しました。そして、同年三月二十八日、公募意見の尊重と称して総則に「わが国と郷土を愛し」という文言を、音楽に「君が代」の指導に「歌えるよう」等を加えて告示しました。

この改訂は二〇〇六年十二月十五日に採決された改定教育基本法による初めてのもので、成果主義に基づいた学力点数主義を正面に据え、国を愛する心で教育全体を覆うものです。学力点数主義教育はすでに蔓延していますが、教育の目的が子どもたちの点数をいかに上げるかを競わせることに単純化されてしまっています。さらには子どもたちの平均点によって教師の給料が上下されたり、学校予算の配分が変わる制度も押しつけられてきています。

道徳教育（愛国心教育）の強化は、修身が首位教科で唱歌をはじめすべての教科が修身の手段であった戦前と酷似してきました。

たとえば音楽では、「指導計画の作成と内容の取扱い」に

（3）国歌「君が代」は、いずれの学年においても歌えるよう指導する。
（4）低学年においては、生活科などとの関連を積極的に図り、指導の効果を高めるようにすること。特に第一学年においては、幼稚園教育における表現に関する内容などとの関連を考慮すること。
（5）第一章総則の第一の2及び第三章道徳の第一に示す道徳教育の目標に基づき、道徳の時間などとの関連を考慮しながら、第三章道徳の第二に示す内容について、音楽科の特質に応じて適切な指導をすること。

と、音楽科の道徳（愛国心教育）役割を明記しました。（総則第一の2には、改定教育基本法の「……伝統と文化を尊重しそれらをはぐくんできた我が国と郷土を愛し……」がきちんと導入されています。「我が国と郷土を愛し」と言うなら沖縄やアイヌ問題を忘れてはならないのですが、共通教材には沖縄の歌もアイヌ音楽も入っていません。

新指導要領の本格実施は小学校二〇一一年度、中学校二〇一二年度からですが、二〇〇九年度から前倒しで移行措置が始まり授業時数も増えます。すでに伝達講習も段階を追って行われています。かつて五八年の文部省道徳教育伝達講習会（国立博物館）、五九年の教育課程伝達講習会（東京学芸大学）では、私たちの阻止行動を恐れて参加者たちは、早朝裏口から入場しましたが、今悠々と正面から入ります。ビラを撒く人が数人いるだけで阻止行動などありません。丁寧に話してみれば、巷にだけでなく講習会に参加している人の中にさえ疑問をもつ人がいるというのにです。第四回「勤評・学力テスト」の際にお話しした（一九五九年の日教組の伝達講習阻止行動での）右腕の傷跡を撫でながら、なぜこのようなことになったのかと考えます。

戦後の日本の教育の歴史を大雑把に振り返ると、教育行政は制定直後から憲法・教育基本法の空洞化・形骸化を基調としてきました。すなわち民主教育を弾圧してきました。私の教員生活とその後の取り組みは、それとの闘いであったように思います。今日の情況は、その取り組みが不十分で戦前の教育の息の根を止め得なかったことのつけだと思います。その慚愧の念でこうして「戦争は教室から始まる」と言って歩いています。聞いて下さった方々は同感なさるからこそ参加して下さったのでしょうが、それがいずれのことでなく、今がその瀬戸際だという私の切実感は伝わったでしょうか。

なお、この本の出版は「『日の丸・君が代』の法制化と強制に反対する神奈川の会」(本書の編者として「『日の丸・君が代』強制に反対する神奈川の会」という略称を使われています)のみなさんのご努力と、講座の意図に深い共感を示して下さった現代書館のみなさん、なかでも編集を担当して下さった小林律子さんのご尽力によるものです。深く感謝の意を表します。

二〇〇八年八月

北村小夜

編者あとがき――戦前と戦後をのり越える道

六回の学習会を終え、一冊の本にまとめる作業の一端を担いながら考えた。あの入念に吟味・配慮された参考資料を使って、ご自身が軍都久留米に生まれた一九二五年から、全国一斉学力テストが復活した二〇〇七年までの「学校」を語った北村小夜さんが私たちに伝えようとしたことは何か。学校という畑で、畑に、何をしようとしてきたのか。戦前の北村さんと戦後の北村さんにどういう連続と断絶があるのか。

この間の学習会に通った仲間と「小夜さんって優秀な子だったんだね」と何度ささやき合ったことだろう。戦後まともな仕事をした人が、戦前は真剣な軍国少女・少年であったという例は少なくない。この人たちに共通する「優秀さ」は、戦前と戦後で連続しているある種の「人としての力」だ。時代の要請を真摯に受け止める理解力・正義感・集中力・行動力とでも言おうか……。北村さんも、そうした「人としての力」をもつという意味ではある種の強者でありながら、権力を拒否して弱者とともに歩くことで、戦前との断絶を生きようとしてきたのではないか。それが彼女の障害児問題への徹底したこだわりなのかと思う。

北村さんの話は、学校が担わされてきた二つの機能に、戦後の十年足らずの「冬眠期」は除くとしても、基本的には戦前・戦後の断絶がないことを私たちに改めて確認させた。戦前の畑の所々にビニールをかぶせてその上から墨を塗って戦前の痕跡を消し、合議とか批判とか人権とかいう戦後の新『肥料』を相当投入してきたにもかかわらず、子どもたちの能力的差別・選別と天皇制下の国民的統合という二つの機能は、戦後六十余年をかけて、着々と強化されてきた。昨今は、戦後の新「肥料」を撒き続けたり、この二つの機能を担おうとしない教職員は畑から出て行けと排除も始まっている。
それでも、そんなにもひどい土壌に成り果ててしまっている畑に、北村さんはずっと以前から排除され続けてきた障害児を「戻そう」という運動をやめようとしない。彼・彼女らに学校という畑に戻ってもらうことが、学校の二つの機能を弱体化させる、従って学校という畑の土壌をまともにできるという信念があるからなのだと思う。「天皇制を廃止するのと同じくらい、あるいはそれ以上に、障害児を分けない、どんな子も皆一緒に学ぶ学校をつくることが、戦前・戦後を乗り越える道だよ。あとはあなた方で考えてやってよね」と言われたような気がしている。

多数派をめざすことが目的化すると堕落が始まる。こだわりを持続させ、原則的な場面での妥協はせずに少数派であることを恐れず、しかし謙虚さとしなやかさは失わず、できることは何でも行動に移していく。そのためには、不断の学習・研究・話し合いの努力を怠るなと自らを戒める自分に気づいた。これも小夜さんがひと押ししてくれた結果にちがいない。

二〇〇八年八月

「日の丸・君が代」の強制に反対する神奈川の会

増補にあたってのあとがき――改憲発議を阻止しよう

「桜を見る会」の疑惑の中で始まった第二〇一回通常国会は、検事長定年延期問題、森友文書改ざん問題、持続化給付金問題と続くなか、批判の多い事案は先送りして閉会しました。新型コロナウイルスによって世界中が同じ危機に対峙しているなか、安倍政権の無能さが目立ちました。防げた死もあったと思います。

この状況下にあっても安倍首相は「自分の手で改憲を実現する」と繰り返し、憲法審査会の論議に介入し、憲法改正の手続きを定める国民投票法（正式名称は「日本国憲法の改正手続きに関する法律」）の改正案を通し、憲法改正原案の策定に進もうとしています。

振り返れば、自公政権は二〇〇七年五月十五日、国民投票法を強行採決で成立させました。安倍首相は「憲法に定められている改正手続きについて、法的な整備が整った」と語りました。八月には憲法審査会も設置されました。改憲原案の国会提出は三年間凍結されるものの、自民党はこの間も論議を進めようと考えました。自民党が描いた改憲スケジュールをご覧ください（資料1）。しかし、公明党は「丁寧な憲法議論を行い三年のうちに改憲案を示せるよう努力したい」といい、一方強行採決による法成立に反発する民主党は審査会が設置された後も強行採決批判を理由に改憲論議への非協力を貫きました。

ところが、二〇一〇年の参議院選で惨敗し、過半数を割り「ねじれ国会」になるや自公は審査会開始を求めてきました。民主党は国会を円滑に進めるために自公に配慮せざるを得ないと判断し、二〇一一年五月に審査会が始動しました。自・公・維は与党に有利な国民投票法改正案を早期に採決して改憲発議につなげようとしています。野党は採決を前提にせず、国民投票時のＣＭ規制に関する議論を進めようとして折り合いません。今国会では「採決ありきではない」という与党の説明に野党が応じて、会期末も迫る五月二十八日に「国民投票

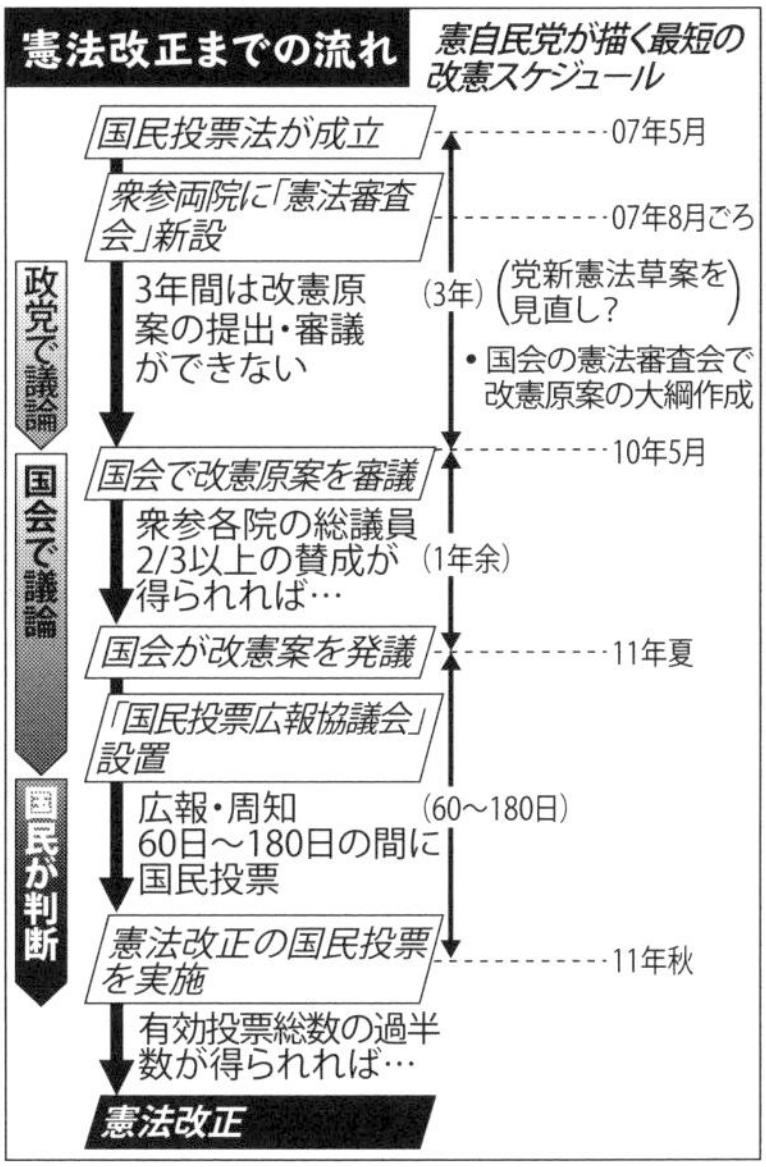

憲法改正までの流れ
憲自民党が描く最短の改憲スケジュール

政党で議論
国民投票法が成立 ------07年5月
衆参両院に「憲法審査会」新設 ------07年8月ごろ
3年間は改憲原案の提出・審議ができない （3年） （党新憲法草案を見直し？）
・国会の憲法審査会で改憲原案の大綱作成

国会で議論
国会で改憲原案を審議 ------10年5月
衆参各院の総議員2/3以上の賛成が得られれば… （1年余）
国会が改憲案を発議 ------11年夏

国民が判断
「国民投票広報協議会」設置
広報・周知60日～180日の間に国民投票 （60～180日）
憲法改正の国民投票を実施 ------11年秋
有効投票総数の過半数が得られれば…
憲法改正

資料１　自民党が描く最短の改憲スケジュール

法」をテーマに自由討議という形で衆議院憲法審査会がようやく開かれました。もう二日予定日があったのですが、国会の混乱で実現できませんでした。したがって国民投票法改正案は七国会続けて継続審議ということになりました。

「安倍改憲」に反対する全国の運動と国会内の闘いによって、国会内の議席が圧倒的に少数であるにもかかわらず阻止し続けています。高田健さんはこれを奇跡といいますが、奇跡ではありません。素直に考えれば九条は残して自衛隊明記などという改憲案を世論が支持するわけがありません。

日本国憲法は完全無欠ではありません。丁寧に議論して少しでもましなものにしていくことは私たちの責務と思っていますが（わたくし的には憲法から「能力」という言葉を除きたい）、今は迫ってくる改憲発議を阻止しなければなりません。どうやら安倍退陣の気配も見えてきました。頑張りましょう。

二〇二〇年六月三十日

北村小夜

❖編者「日の丸・君が代」強制に反対する神奈川の会
正式名称「日の丸・君が代」の法制化と強制に反対する神奈川の会。
1999年、国旗国歌法制定に反対して活動を開始。「法」は、学校現場の「日の丸・君が代」強制を社会に拡大し、また学校にフィードバックさせるという問題意識のもと、学校だけでなく議場や成人式など、あらゆる場面の「日の丸・君が代」強制に異議申し立てを行っている。不定期でニュースを発行。
連絡先　横浜市神奈川区鶴屋町2-24-2
かながわ県民センター内9F レターケース No.333
090-3909-9657

❖北村小夜（きたむら・さよ）
1925年福岡県生まれ。1950年から86年まで、都内の小・中学校で教員（うち、21年間特殊学級担任）。
障害児を普通学級へ・全国連絡会世話人。
著書に『戦争は教室からはじまる』『一緒がいいならなぜ分けた』『能力主義と教育基本法「改正」』『再び住んでみた中国』『「共に学ぶ」教育のいくさ場』（編著）『地域の学校で共に学ぶ』（編著）『〔増補改訂版〕障害児の高校進学・ガイド』（編著、以上現代書館）、『画家たちの戦争責任』『慈愛による差別』（梨の木舎）『日の丸・君が代が人を殺す！』（共著、日本評論社）『子どもの脳がねらわれている』（共著、アドバンテージサーバー）などがある。

〔増補版〕戦争は教室から始まる——元軍国少女・北村小夜が語る

2020年7月20日　第1版第1刷発行

編者	「日の丸・君が代」強制に反対する神奈川の会
発行者	菊地泰博
組版	具羅夢
印刷	平河工業社（本文）
	東光印刷所（カバー）
製本	鶴亀製本

発行所　株式会社　現代書館
〒102-0072　東京都千代田区飯田橋3-2-5
電話 03（3221）1321　FAX 03（3262）5906
振替 00120-3-83725　http://www.gendaishokan.co.jp/

校正協力・岩田純子
©2020 Printed in Japan ISBN978-4-7684-3580-9
定価はカバーに表示してあります。乱丁・落丁本はおとりかえいたします。

日本全圖
シベリヤ
満洲
日本海
大平洋